Frank Daumann
Lev Esipovich

Sportvereine:
Kosten sichtbar machen und Erfolg sichern

Frank Daumann, Lev Esipovich

Sportvereine: Kosten sichtbar machen und Erfolg sichern

UVK Verlagsgesellschaft mbH · Konstanz
mit UVK/Lucius · München

Dr. Frank Daumann ist Professor für Sportökonomie und Gesundheitsökonomie an der Friedrich-Schiller-Universität Jena.

Lev Esipovich ist wissenschaftlicher Mitarbeiter am Institut für Sportwissenschaft der Friedrich-Schiller-Universität Jena.

Bibliografische Information der Deutschen Bibliothek

Die Deutsche Bibliothek verzeichnet diese Publikation in der Deutschen Nationalbibliografie; detaillierte bibliografische Daten sind im Internet über <http://dnb.ddb.de> abrufbar.

ISBN: 978-3-86764-717-5

Lektorat: Rainer Berger
Einbandgestaltung: Atelier Reichert, Stuttgart
Cover-Illustration: © jarma – fotolia.com
Printed in Germany

UVK Verlagsgesellschaft mbH · Schützenstr. 24 · 78462 Konstanz
Tel. 07531-9053-0 · Fax 07531-9053-98
www.uvk.de

Vorwort

Mittlerweile wird auf dem Buchmarkt eine große Anzahl an Werken angeboten, die sich der Kostenrechnung widmen. Das Alleinstellungsmerkmal dieses Buches besteht darin, dass es die kostenrechnerischen Besonderheiten der Sportvereine berücksichtigt und spezifische Lösungen anbietet. Somit eignet es sich hervorragend für alle Vereinsmitarbeiter, die für den Aufbau bzw. die Durchführung der Kostenrechnung verantwortlich und auf der Suche nach neuen Ideen sind.

Zudem trägt dieses Methodenhandbuch dem Sachverhalt Rechnung, dass jede Kostenrechnung – auch die eines Sportvereins – von vielen individuellen Faktoren wie etwa der Vereinsstruktur abhängt und damit höchst individuell ist. Daher besteht der Anspruch des vorliegenden Buches darin, die individuelle Umsetzung der Kostenrechnung mit konkreten Hinweisen und Hilfestellungen zu unterstützen: Es vermittelt zum einen einführende Informationen zur Kostenrechnung und beschäftigt sich zum anderen mit den Instrumenten der Voll- und Teilkostenrechnung, die sich jeder Verein entsprechend seinen Zielen zunutze machen kann.

Zur Veranschaulichung des theoretischen Wissens wurden viele vereinsbezogene Praxisbeispiele eingebaut.

Wir hoffen, dass Ihnen dieses kleine Buch ein großer Helfer bei jeglichen Fragen rund um die Kostenrechnung im Sportverein sein wird. Für alle Anregungen und Erfahrungsberichte sind wir dankbar.

Jena, im Sommer 2016 Frank Daumann und Lev Esipovich

Inhaltsverzeichnis

Abbildungsverzeichnis

Tabellenverzeichnis

Abkürzungsverzeichnis

A	Abschreibungsbetrag
Abb.	Abbildung
AfA	Absetzung für Abnutzungen
AO	Abgabenordnung
B	Basiswert
BAB	Betriebsabrechnungsbogen
BE	Betriebsergebnis
BNK	betriebsnotwendiges Kapital
BNV	betriebsnotwendiges Vermögen
bzw.	beziehungsweise
ca.	circa
D	Degressionsbetrag
DB	Deckungsbeitrag
e.V.	eingetragener Verein
EDV	elektronische Datenverarbeitung
EK	Eigenkapital
EKSt.	Endkostenstelle
Es	Erlös
et al.	et alii (und andere)
EUR	Euro
f.	folgende
ff.	folgende (pl.)
FK	Fremdkapital
GEMA	Gesellschaft für musikalische Aufführungs- und mechanische Vervielfältigungsrechte
GK	Gemeinkosten
Hrsg.	Herausgeber
i.d.R.	in der Regel
inkl.	inklusive
insb.	insbesondere

insg.	insgesamt
K	Kosten
Kap.	Kapitel
K_f	Fixkosten
km	Kilometer
KSt.	Kostenstelle
K_v	variable Kosten
m^2	Quadratmeter
mind.	mindestens
Mtgl.	Mitglieder
ND	Nutzungsdauer
NPO	Nonprofit-Organisation
p.a.	per anno (pro Jahr)
Pkw	Personenkraftwagen
REFA	Verband für Arbeitsgestaltung, Betriebsorganisation und Unternehmensentwicklung
RW	Restwert
Std.	Stunde
TuS	Turn- und Sportverein
U	Umsatz
u.a.	unter anderem
usw.	und so weiter
v.a.	vor allem
VE	Vereinsergebnis
VKSt.	Vorkostenstelle
z. B.	zum Beispiel

1 Einleitung

Gesellschaftliche Veränderungen, steigender Wettbewerbsdruck, komplexe Mittelbewirtschaftung, höhere Erwartungen der Mitglieder an die Leistungen und steigende Preise stellen derzeit gemeinnützige Sportvereine vor eine herausfordernde Aufgabe: Um ihren Auftrag zu erfüllen, müssen sie mit zunehmend knapperen Ressourcen ein differenziertes und attraktives Sportangebot bereitstellen. Zur erfolgreichen Bewältigung dieser Herausforderung sind die Sportvereine gefordert, ihre Kosten zu minimieren. Ein notwendiger Schritt in Richtung eines zukunftsfähigen Sportvereins besteht deshalb in der Schaffung einer möglichst hohen Kostentransparenz, was eine wesentliche Voraussetzung eines effizienten Umgangs mit den knappen Ressourcen ist. Im Hinblick darauf ist die Einführung der Kostenrechnung von großer Bedeutung: Sie gibt eine umfassende Übersicht über die Kosten sowie über die Orte ihrer Entstehung und stellt damit die Grundlage für das Vereinscontrolling sowie für die Budgetierung dar.

Obwohl ihr potentieller Nutzen bei der entsprechenden Ausgestaltung und ihre aktuelle Relevanz für die Vereinssteuerung erheblich sind, findet die Kostenrechnung bislang nur in wenigen Sportvereinen Anwendung. Dabei ist nicht nur der entsprechende Umsetzungsgrad unterschiedlich, sondern auch die Definition der Kosten. So wird in vielen Fällen der Einfachheit halber mit pagatorischen Kosten gerechnet, die nur zahlungswirksame sachzielorientierte Güterverbräuche darstellen. Das pauschale Weglassen der übrigen Kosten führt jedoch zu einem verzerrten Ausweis der Kosten und damit zu Fehlentscheidungen.

Ausgehend von dieser kostenrechnerischen Praxis soll dieses Buch vollumfassend und verständlich in die Kostenrechnung einführen und das kostenrechnerische Instrumentarium anwendungsnah und vereinsbezogen erläutern. Entsprechend diesem Ziel ist das Buch in fünf Kapitel unterteilt. Nach diesem ersten einleitenden Kapitel wird in Kapitel 2 auf folgende Grundfragen der Kostenrechnung eingegangen: Was ist die Kostenrechnung? Welche Merkmale hat die Kostenrechnung? Wieso brauchen Sportvereine eine Kostenrechnung? An wen richtet sich die Kostenrechnung? Warum reichen die Daten der Buchführung nicht aus? Im nächsten Kapitel findet eine definitorische Auseinandersetzung mit den wichtigsten Begriffen des Rechnungswesens statt, was zum besseren Verständnis unter Angabe vereinsbezogener Beispiele erfolgt. In den nächsten beiden Kapiteln wird der Einsatz der Vollkostenrechnung (Kapitel 4) und der Teilkostenrechnung (Kapitel 5) in Sportvereinen erläutert, wobei hier auch geklärt wird, welche Vorteile und Grenzen diese kostenrechnerischen Verfahren haben.

2 Kostenrechnung im Sportverein

Am Anfang der Beschäftigung mit Kostenrechnung gilt es, einige wichtige Fragen zu klären. Diese wären vor allem: Was ist Kostenrechnung? Welche Merkmale hat sie? Welchen Nutzen kann sie den Vereinen bringen? Wer sind die Adressaten der kostenrechnerischen Informationen? Warum reichen die Daten der Vereinsbuchführung nicht aus?

2.1 Was ist Kostenrechnung?

Die Kostenrechnung ist Teil des internen Rechnungswesens eines Sportvereins und wird im Unterschied zum gesetzlich vorgeschriebenen externen Rechnungswesen freiwillig geführt. Die Kostenrechnung stellt dabei ein wichtiges Informationsinstrument dar, das sich mit folgenden Fragen beschäftigt:

- Welche Kosten fallen im Sportverein an? (z. B. Personalkosten)
- Wo wurden die Kosten im Sportverein verursacht? (z. B. Kosten der Geschäftsstelle, des Vorstands)
- Welche Kosten verursachen die Vereinsleistungen? (z. B. Kosten eines Sportkurses, einer Mannschaft usw.)

Um diese Fragen zu beantworten, erfasst die Kostenrechnung mengen- und wertmäßig den Verzehr von Produktionsfaktoren im Rahmen der Leistungserstellung sowie die damit gekoppelte Leistungsverwertung.

2.2 Welche Merkmale hat die Kostenrechnung?

Um ein umfassendes Verständnis für die Kostenrechnung zu vermitteln, wird dem Leser folgende Übersicht über ihre charakteristischen Merkmale geboten (in Anlehnung an Rautenberg, 2000, S. 25f.):

- Die Kostenrechnung erfolgt immer kalkulatorisch, d. h., sie basiert nicht auf Zahlungsmittelbewegungen, sondern auf Realgüterbewegungen. In der Kostenrechnung werden demnach keine Ausgaben und Einnahmen wie in der Vereinsbuchhaltung, sondern Kosten und Leistungen erfasst. Auf diese Weise strebt die Kostenrechnung danach, möglichst realitätsgetreue Informationen bereitzustellen.

- Die Kostenrechnung erfolgt überwiegend kurzfristig, d. h., sie nimmt Berechnungen in einem Zeithorizont bis zu einem Jahr vor. Die kostenrechnerischen Daten dienen somit als Grundlage für operative Entscheidungen.
- Die Kostenrechnung ist eine Erfolgsrechnung, d. h., die Ermittlung des Erfolges (Gewinn oder Verlust) steht immer am Ende einer Berechnungsperiode. Dafür werden die Kosten für eine Periode den entsprechenden Erlösen in dieser Periode gegenübergestellt.
- Die Kostenrechnung erfolgt laufend, d. h., sie wird in regelmäßigen Abständen zu einem fixen Termin immer wieder neu erstellt und nicht fallweise wie beispielsweise bei der Investitionsrechnung.
- Die Kostenrechnung ist an keine gesetzlichen Normen gebunden.

2.3 Wieso brauchen Sportvereine die Kostenrechnung?

Mit der Bereitstellung detaillierter Informationen über die Entstehung der Kosten entlang des Wertschöpfungsprozesses erfüllt die Kostenrechnung zahlreiche Funktionen in einem Sportverein (siehe Abbildung 1). In diesem Abschnitt werden die grundlegenden Funktionen erläutert.

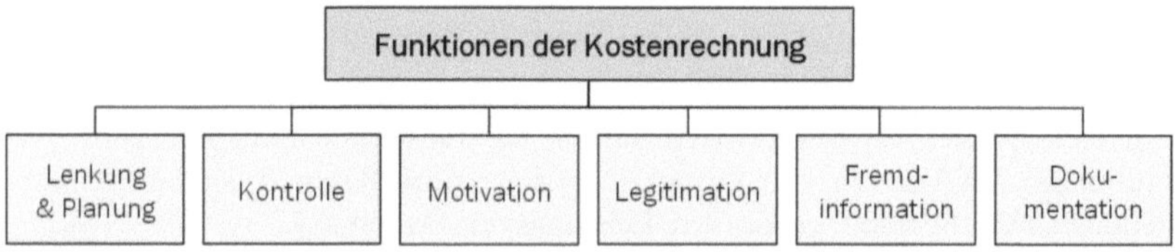

Abbildung 1: Funktionen der Kostenrechnung im Sportverein.
Quelle: Eigene Darstellung.

[1] **Lenkungs-/Planungsfunktion**

Die im Rahmen der Kostenrechnung erfassten Informationen stellen die Grundlage der Planungs- und Entscheidungsaufgabe der Vereinsführung dar. Dabei soll die Kostenrechnung durch ihre Informationen den Vereinsvorstand, die Geschäftsführung sowie andere leitende Mitarbeiter unterstützen, die vereins- und abteilungsspezifischen Produktionsprozesse entscheidungsorientiert und zielentsprechend zu steuern und die Entgeltkalkulation sinnvoll durchzuführen.

[2] **Kontrollfunktion**

Weiterhin ermöglicht die Kostenrechnung eine umfassende Wirtschaftlichkeitskontrolle. So können die vergangenheitsbezogenen Kostendaten regelmäßig (z.

B. quartalsweise) mit Plan- und Soll-Werten im Rahmen einer Abweichungsanalyse verglichen werden. Diese Analyse liefert wichtige Auskünfte über den tatsächlichen Ressourcenverbrauch und über die Effizienz der Leistungserstellung im Verein. Auf Basis der Abweichungsanalyse können auch die Planungswerte für die nächsten Perioden verbessert werden.

[3] **Motivationsfunktion**

Dadurch, dass die Kostenrechnung mit Hilfe der errechneten Zahlenwerke die Ursachenanalyse betreiben soll, können daraus bestimmte Verhaltensänderungen der Vereinsführung und der -mitarbeiter ausgelöst werden. Demnach kann Kostenrechnung auch als Motivationsinstrument beispielsweise zur Verbesserung des (Spar-)Verhaltens oder zur Setzung von Anreizen im Sportverein eingesetzt werden.

[4] **Legitimationsfunktion**

Weiterhin können die Führungsorgane eines Sportvereins Kosteninformationen gegenüber den Mitgliedern und Mitarbeitern dazu nutzen, eigene Entscheidungen und Handlungen zu legitimieren, über die wirtschaftliche Situation des Vereins zu informieren oder diese in der Richtigkeit einer Entscheidung zu überzeugen. Insbesondere bei den von vornherein „unpopulären" Entscheidungen, wie bei einer Erhöhung der Mitgliedsbeiträge oder bei Einsparmaßnahmen, können entsprechende kostenrechnerische Informationen helfen, Mitglieder und Mitarbeiter von der Notwendigkeit dieser Schritte zu überzeugen.

[5] **Fremdinformationsfunktion**

Die Kostenrechnung kann trotz der primären Ausrichtung an interne Adressaten (siehe 2.4) auch zum Informieren der Außenstehenden verwendet werden. So müssen gelegentlich kostenrechnerische Daten an externe Anspruchsgruppen weitergegeben werden, die eine verdichtete Offenlegung der kostenbezogenen Aufzeichnung der Geschäftsvorfälle benötigen. Der externe Adressatenkreis braucht unter Umständen diese Informationen, um zielgerechte Entscheidungen bei der Gewährung einer Förderung, einer Subvention bzw. eines Kredits treffen zu können. Insbesondere im Bereich der öffentlichen (Sport-)Verwaltung und der Stiftungen bestehen oft bei der Finanzierung bzw. Subventionierung eines Projekts bestimmte Förderungsrichtlinien, die den Projektorganisator verpflichten, Informationen der Kostenrechnung über erbrachte (Ist-Kostenrechnung) oder zu erbringende Leistungen (Plan-Kostenrechnung) vorzulegen (in der Regel ohne Berücksichtigung kalkulatorischer Kosten). Weiter kann auch eine freiwillige Offenlegung bestimmter kostenrechnerischer Informationen (z. B. über die Veröffentlichung auf der Vereinshomepage) von Vorteil sein. So kann diese Vorgehensweise eine höhere Transparenzkultur gegenüber der Öffentlichkeit sowie der Kooperationspartner stiften, was für den Verein zu Gewinn an Vertrauen und Sympathie seitens der Gesellschaft führen kann.

[6] **Dokumentationsfunktion**
Darüber hinaus dient die Kostenrechnung der Dokumentation der Kosten und deren Zuordnung zu Bezugsobjekten. So liefern Kostenrechnungsdaten ein wertmäßiges Abbild des Geschehens im gesamten Verein, in den Abteilungen bzw. in den einzelnen Sportkursen/Mannschaften. Dabei stellt die Dokumentationsfunktion eine wichtige Voraussetzung dar, damit die Kostenrechnung die anderen, oben aufgeführten Funktionen erfüllen kann.

Welche bedeutende Rolle die Kostenrechnung bei einem Sportverein spielen kann, zeigt das Beispiel des MTV Braunschweig:

„In unserer täglichen Vereinsarbeit ist die Kosten- und Leistungsrechnung, insbesondere die Kostenstellenrechnung, sehr hilfreich und praktikabel. Wir verstehen uns als Verein immer noch als Solidargemeinschaft und haben daher auch einen Vereinsbeitrag, der ein Solidaritätsbeitrag ist. Aber wir haben mittlerweile auch eine ganze Reihe von Zusatzbeiträgen eingeführt, weil die eine oder andere Gruppe bzw. die eine oder andere Abteilung deutlich mehr Kosten verursacht als der Rest des Vereins, und es dadurch zu Unmut gekommen war. Daher ist die Kostenrechnung aus meiner Sicht besonders wichtig, damit die Kostenverursacher bekannt sind, man sie im Auge behält und auch bei Bedarf dagegen steuern kann.

In der zweiten Jahreshälfte und besonders auch zum Jahresende hin gewinnt ein Kosten-Controlling durch einen Soll-Ist-Abgleich stark an Bedeutung, weil die externen Einnahmequellen zum Jahresende hin immer mehr abnehmen, die Kosten aber gleich bleiben. Auch hier ist es wichtig, die aktuellen Zahlen im Auge zu behalten."

Jörg Diekmann, seit März 2006 Geschäftsführer des MTV Braunschweig.

2.4 An wen richtet sich die Kostenrechnung im Verein?

Anhand der zuvor erläuterten Funktionen der Kostenrechnung können nun auch ihre Adressaten definiert werden. Traditionell befinden sich die Adressaten der Kostenrechnung als Teil des internen Rechnungswesens im Unterschied zum externen Rechnungswesen innerhalb eines Unternehmens. Auch in Sportvereinen richtet sich die Kostenrechnung primär an den internen Adressatenkreis und zwar an den ehrenamtlichen Vorstand, ggf. die hauptamtliche Geschäftsführung, Abteilungsleiter sowie andere Vereinsmitarbeiter/-mitglieder. Da aber die Kostenrechnung Daten produziert, die auch für Außenstehende von Relevanz sein können (siehe 2.3), können die kostenrechnerischen Daten im Sinne der Ausübung der Fremdinformationsfunktion den externen Adressaten zur Verfügung gestellt werden (Subventionsgeber, Spender, Stiftungen, Sponsoren oder Banken) (siehe Abbildung 2). Die Mehrzahl an Adressaten unterstreicht dabei die große Bedeutung einer funktionierenden internen Kostenrechnung für Sportvereine.

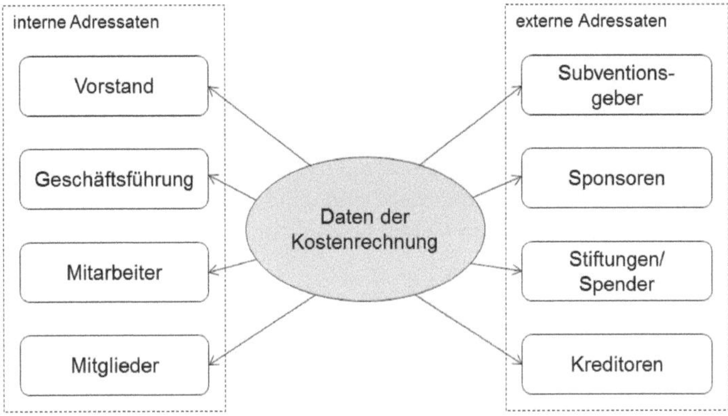

Abbildung 2: Mögliche Adressaten der Vereinskostenrechnung.
Quelle: Eigene Darstellung.

2.5 Warum reichen die Daten der Buchführung nicht aus?

Um diese Frage zu beantworten, muss die Vereinsbuchführung kurz dargestellt werden. Die Buchführung ist dem externen Rechnungswesen zuzuordnen und dient der Erfassung aller Vorgänge, die zu einer Veränderung des Gesamtvermögens des Vereins führen. Damit bildet die Buchführung die Grundlage für den Jahresabschluss und das Inventar. Im Unterschied zur Kostenrechnung ist die Buchführung jedoch nicht freiwillig, sondern beruht auf gesetzlicher oder vertraglicher Pflicht. Dabei versorgt sie überwiegend organisationsexterne Adressaten mit Informationen über die Vermögens-, Finanz- und Schuldsituation des Vereins. So sind neben dem Staat Kreditoren, Ligaleitung, öffentliche Zuschussgeber, Dachsportorganisationen usw. wichtige Adressaten der Buchführung.

Vor dem Hintergrund der Verpflichtung zur Weitergabe bestimmter Informationen an Außenstehende liegt es oftmals im Interesse der Vereinsführung, den Informationsfluss an Externe möglichst zu kanalisieren bzw. einzuschränken. Aus diesem Grund erfasst die Vereinsbuchführung nur Aufwendungen sowie Erträge und weist am Ende einer Periode nur die Höhe des Gewinns bzw. Verlustes auf. Dabei liefert sie nur wenige Informationen darüber, wie dieses Ergebnis zustande gekommen ist. Die Buchführung kann demnach die Frage nur unzureichend beantworten, an welcher Stelle bzw. für welche Leistungen im Verein welche Kosten angefallen sind.

Dagegen erfolgt bei der Kostenrechnung eine viel detailliertere Informationsaufbereitung, was eine geeignete Grundlage für die Entscheidungen des Vereinsmanagements schafft. Die Kostenrechnung ist daher viel besser dafür geeignet, um die Einflussfaktoren des Vereinsergebnisses detailliert zu analysieren. Der grundlegende Mehrwert der Kostenrechnung ergibt sich also daraus, dass sie die Schwächen der Vereinsbuchhaltung in Bezug auf das Ausmaß der bereitgestellten Informationen kompensiert und eine zielorientierte Steuerung der Leistungserstellungsprozesse im Verein ermöglicht.

3 Grundlagen der Kostenrechnung

Nachdem die grundsätzlichen Fragen zum Wesen der Kostenrechnung beantwortet wurden, stehen in diesem Kapitel definitorische und theoretische Grundlagen der Kostenrechnung im Mittelpunkt. Diese sind für eine praxisnahe und anwendungsorientierte Übertragung der allgemeinen Methoden der Kostenrechnung auf Sportvereine, die im weiteren Verlauf des Buchs stattfinden soll, von großer Bedeutung.

3.1 Begriffsabgrenzungen

Im Rahmen der Kostenrechnung wird ein spezifisches Fachvokabular verwendet, das hier an vereinsbezogenen Beispielen ausführlich erläutert wird. Dafür findet eine Abgrenzung der zentralen Begriffe der Buchführung (Aufwand und Ertrag) und der Kostenrechnung (Kosten und Leistungen) statt. Ergänzend dazu wird auf deren jeweilige Ausprägungen eingegangen.

3.1.1 Aufwand und Ertrag

Zunächst ist eine Unterscheidung zwischen den Begriffen „Aufwand" und „Ertrag" zu treffen, die in der Buchführung ihre Anwendung finden. Beide Begriffe implizieren die Zunahme (=Ertrag) oder Reduzierung (=Aufwand) des Gesamtvermögens eines Sportvereins in einer bestimmten Periode. Die Differenz zwischen Erträgen und Aufwendungen wird entweder als Gewinn (falls positiv) oder Verlust (falls negativ) bezeichnet:

$$\text{Ertrag} - \text{Aufwand} = \text{Gewinn}\,(+)/\text{Verlust}\,(-)$$

Der jeweils zu Periodenende ermittelte Gewinn bzw. Verlust ändert dabei (im positiven oder negativen Sinn) das bilanziell erfasste Eigenkapital (= Reinvermögen) (Coenenberg et al., 2009, S. 19).

3.1.2 Kosten und Leistungen

Die beiden zentralen Begriffe der Kostenrechnung sind Kosten und Leistungen. Als Kosten wird der bewertete Verbrauch von Produktionsfaktoren zur Erstellung sowie zum Absatz der Vereinsleistungen und zur Aufrechterhaltung der Produktionsbereitschaft definiert (in Anlehnung an Scherrer, 2005, S. 672). Der Kostenbegriff bezieht sich demnach im Unterschied zum Aufwand nur auf Vorgänge, die für die Leistungserstellung im Sinne des Vereinszwecks notwendig sind. Somit zeichnet sich der Kostenbegriff durch die folgenden drei Merkmale aus:

Güterverbrauch	Es liegt ein Güter- bzw. Leistungsverbrauch vor.
Leistungsbezogenheit	Der Güter- bzw. Leistungsverbrauch ist sachzielbezogen (betriebsbedingt).
Bewertung	Es erfolgt eine Bewertung der Verbrauchsmengen.

Tabelle 1: Merkmale des wertmäßigen Kostenbegriffs.
Quelle: Eigene Darstellung in Anlehnung an Steger, 2010, S. 21.

Den Kosten stehen Leistungen gegenüber, die das Ergebnis der betrieblichen Faktorkombination darstellen (Olfert, 2013, S. 44). In der letzten Zeit wird anstelle des traditionellen Begriffs „Leistungen" vermehrt der Begriff „Erlöse" verwendet (Weber & Weißenbergen, 2010, S. 47). Die Differenz aus Leistungen bzw. Erlösen und Kosten ergibt das Betriebs- bzw. Vereinsergebnis:

$$\text{Leistungen} - \text{Kosten} = \text{Vereinsergebnis}$$

Aus den Geltungsbereichen der beiden Begriffspaare „Kosten und Leistungen" sowie „Ertrag und Aufwand" ergeben sich Überschneidungen sowie Unterschiede (siehe Abbildung 3). Im Folgenden werden die einzelnen Bestandteile des Aufwand-Kosten-Komplexes definiert und an vereinsbezogenen Beispielen erläutert.

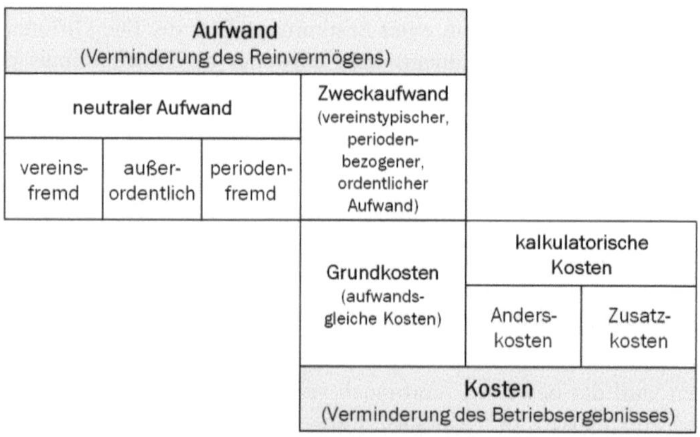

Abbildung 3: Abgrenzung zwischen Aufwand und Kosten.
Quelle: Eigene Darstellung in Anlehnung an Coenenberg et al., 2009, S. 24.

3.1.3 Neutraler Aufwand

Als neutralen Aufwand bezeichnet man solche Aufwendungen, bei denen ein Leistungsbezug fehlt und die daher keinen Kostencharakter aufweisen (in Anlehnung an Scherrer et. al., 2005, S. 674). Aus kostenrechnerischer Sicht ergibt es somit keinen Sinn, solche Aufwendungen in die laufende Kalkulation mit einzubeziehen, weil dadurch Verzerrungen in den zu ermittelnden Zahlen entstehen. Der Bereich des neutralen Aufwandes besteht aus vereinsfremdem Aufwand, außerordentlichem Aufwand und periodenfremdem Aufwand:

- vereinsfremder Aufwand: Aufwendungen, die nicht in einem direkten Zusammenhang mit den vereinstypischen Tätigkeiten stehen und deshalb nicht zugleich Kosten sind. Beispiele: Ausgaben für nicht genutzte Grundstücke oder Gebäude.
- außerordentlicher Aufwand: Aufwendungen, die den typischen Vereinstätigkeiten entsprechen, aber hinsichtlich der Art oder des Umfangs außerordentlich sind. Dieser Fall liegt vor, wenn etwas nicht geplant bzw. durch einen Zufall bedingt passiert. Demgemäß werden außerordentliche Aufwendungen beispielsweise im Fall der Beseitigung eines Brandschadens in der Vereinssporthalle oder für die Reparatur des defekten Vereinsfahrzeuges getätigt.
- periodenfremder Aufwand: solche Geschäftsvorfälle, die früheren Leistungen zugerechnet werden können. Beispiele: Steuernachzahlungen oder Mietzahlungen für eine Sporthalle, die im laufenden Jahr bezahlt wurden, sich jedoch auf das vorherige Jahr beziehen.

3.1.4 Zweckaufwand und Grundkosten

Wenn Kosten in ihrer Höhe den Aufwendungen entsprechen, wird von Grundkosten oder Zweckaufwand (= vereinstypischer, periodenbezogener, ordentlicher Aufwand) gesprochen (Scherrer, 2005, S. 674f.). In diesem Überschneidungsbereich findet man den im unmittelbaren Zusammenhang mit dem vereinstypischen Sachziel stehenden, jeweils auf den gleichen Betrag lautenden, bewerteten Güterverzehr. Beispiele: Ausgaben für Übungsleiter- und Trainerhonorare, Abgaben an Dachorganisationen, Reisekosten für den Übungs- und Wettkampfbetrieb, aufwandsgleiche Kapitalzinsen auf das fremdfinanzierte sachzielbezogene Vermögen, Förderkosten (Kosten des Fundraisings) usw.

3.1.5 Kalkulatorische Kosten

Neben den bereits erläuterten Bestandteilen des Aufwand-Kosten-Komplexes gibt es zudem den Bereich der kalkulatorischen Kosten. Unter diesem Begriff fasst man die sogenannten Zusatzkosten und Anderskosten zusammen (Eisele & Knobloch, 2011, S. 812):

- Die Zusatzkosten entstehen zwar in unmittelbarem Zusammenhang mit dem Vereinszweck, ihnen steht aber kein Aufwand gegenüber. Dazu zählen kalkulatorische Miete (= Kostenkalkulation der betrieblichen Nutzung von Sachressourcen, für die keine Mietzahlungen anfallen), kalkulatorische Löhne (= Kostenkalkulation für die Nutzung von unentgeltlichen Personalressourcen) und kalkulatorische Zinsen auf Eigenkapital (= Kalkulation der marktüblichen und risikoadäquaten Kapitalverzinsung für das betriebsnotwendige Eigenkapital).
- Den Anderskosten stehen zwar Aufwendungen in der Vereinsbuchhaltung gegenüber, die jedoch zum Zweck der Kostenrechnung anders (z. B. höher oder niedriger) erfasst werden. Die Anderskosten umfassen demnach kalkulatorische Abschreibungen (= Kalkulation des Substanzverzehrs zu Wiederbeschaffungskosten), kalkulatorische Wagniskosten (= Kalkulation nicht fremdversicherter Schadensfälle aus Einzelrisiken) und kalkulatorische Zinsen (= Kalkulation der marktüblichen und risikoadäquaten Kapitalverzinsung für das betriebsnotwendige Fremdkapital[1]).

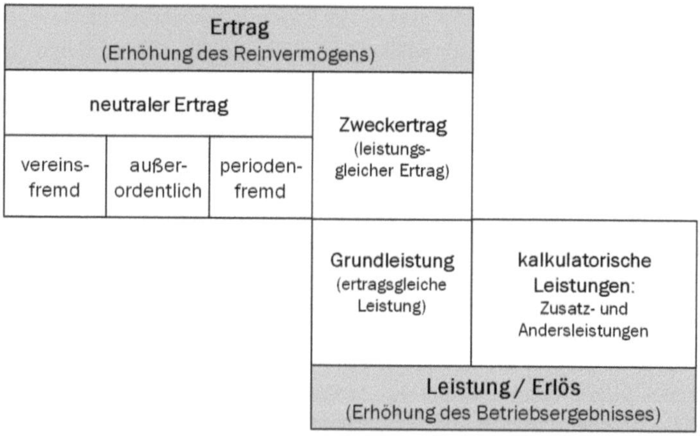

Abbildung 4: Abgrenzung zwischen Ertrag und Leistung.
Quelle: Eigene Darstellung in Anlehnung an Coenenberg et al., 2009, S. 24.

[1] Kalkulatorische Kapitalzinsen auf das fremdfinanzierte sachzielbezogene Vermögen stellen Grundkosten dar, wenn sie aufwandsgleich anfallen. Wenn aber zur Vereinfachung der Kostenrechnung mit konstanten, normalisierten Fremdkapitalkostensätzen gerechnet wird, stellen sie Anderskosten dar. Dies ergibt dann Kosten, die sich von den faktischen Zinszahlungen unterscheiden.

Nachdem der Kosten-Aufwands-Komplex und seine Bestandteile erläutert wurden, wird im Folgenden der Leistungs-Ertrags-Komplex dargestellt. Gemäß Abbildung 4 werden die einzelnen Bestandteile dieses Komplexes definiert und an vereinsbezogenen Beispielen erläutert.

3.1.6 Neutraler Ertrag

Ein wichtiger Begriff im Rechnungswesen ist der sogenannte neutrale Ertrag. Diesem steht keine Leistung bzw. kein Erlös gegenüber (Olfert, 2013, S. 42). Es sind dabei folgende drei Arten von neutralen Erträgen zu unterscheiden:

- vereinsfremder Ertrag: Diese Ertragsart gibt einen bewerteten Güterzuwachs wieder, der nicht im unmittelbaren Zusammenhang mit dem Vereinszweck steht. Beispiel: Mietzinsen für die Vermietung des Vereinsheims für private Feiern.
- außerordentlicher Ertrag: Hier handelt es sich um Erträge, die zwar im Zusammenhang mit dem Vereinszweck stehen, die aber unregelmäßig bzw. vereinzelt anfallen. Ein außerordentlicher Ertrag ist beispielsweise ein einmaliger Ertrag aus der Veräußerung des Vereinsbusses. In der tradierten Kostenrechnung, die ursprünglich für erwerbswirtschaftliche Unternehmungen konzipiert wurde, werden auch solche Sonderposten wie Spenden und Schenkungen als außerordentliche Erträge erfasst. In spendensammelnden NPOs, zu denen auch gemeinnützige Sportvereine gezählt werden können, werden (v.a. regelmäßige) Spenden dagegen in der Regel als Zweckertrag bzw. Grundleistung verbucht (siehe Kap. 3.1.7). Der Grund dafür besteht darin, dass Spenden als Gegenleistung der Gesellschaft für die gemeinnützigen Leistungen der NPO aufgefasst werden können.
- periodenfremder Ertrag: Diese Erträge entstehen durch die Leistungserstellung und Leistungsverwertung im Sportverein, sind aber ursächlich einer früheren Periode zuzurechnen. Beispiel: Rückerstattungen für im vergangenen Jahr zu viel gezahlte Steuern.

3.1.7 Zweckertrag und Grundleistungen

Der Zweckertrag stellt denjenigen Güterzuwachs dar, der der Grundleistung entspricht und im unmittelbaren Zusammenhang mit dem Vereinszweck steht. Daraus ableitend bezeichnet man als Grundleistung solche Erlöse, die gleich dem Zweckertrag sind (Weber & Weißenberger, 2010, S. 47). Zum Zweckertrag bzw. zur Grundleistung sind beispielsweise Einnahmen aus Mitgliedsbeiträgen, Aufnahmegebühren und Gebühren für Sportkurse zu zählen. Darüber hinaus werden in der kostenrechnerischen Praxis der NPOs auch indirekte Erlöse (z. B. aus regelmäßigen Spenden, Zuwendungen) zu den Grundleistungen gezählt.

3.1.8 Kalkulatorische Leistungen

Weiterhin werden Leistungen, denen keine Erträge (= sogenannte Zusatzleistungen) oder Erträge in anderer Höhe gegenüberstehen (= sogenannte Andersleistungen), als kalkulatorische Leistungen bzw. Erlöse bezeichnet (Weber & Weißenberger, 2010, S. 45). Kalkulatorische Leistungen entstehen beispielsweise dann, wenn Kinder aus den sozial schwachen Familien, die an Vereinsangeboten kostenlos (Zusatzleistungen) oder zu einem geminderten Beitrag (Andersleistungen) teilnehmen.

3.2 Gliederung der Kosten

Die Durchführung der Kostenrechnung im Sportverein erfordert eine detaillierte Gliederung der Kosten nach mehreren Merkmalen. Die zwei wesentlichen Gliederungsarten sind dabei folgende:

- In Bezug auf die Verrechenbarkeit der Kosten auf einen Kostenträger (z. B. eine Trainingsgruppe oder eine Mannschaft) wird zwischen Einzelkosten und Gemeinkosten unterschieden.
- In Abhängigkeit der Kosten von der „Beschäftigung" können Kosten in ihre fixen und variablen Anteile (fixe und variable Kosten) aufgeteilt werden.

Im Folgenden werden diese beiden Gliederungsarten sowie deren Zusammenhänge erläutert.

3.2.1 Einzelkosten und Gemeinkosten

Diejenigen Kosten, die einem Kostenträger, also einer bestimmten Vereinsleistung (z. B. einem Sportkurs, einer Trainingsgruppe, einem Projekt) zugerechnet werden können, werden als Einzelkosten bezeichnet. Wird beispielsweise ein Kurs als Kostenträger definiert, dann fallen unter Einzelkosten Honorare sowie Aufwandsentschädigungen für einen Übungsleiter/Trainer und jegliche Trainingsbetriebskosten an.

Im Unterschied zu Einzelkosten lassen sich Gemeinkosten nicht direkt einer Vereinsleistung zuordnen. Beispielsweise stellen Verwaltungskosten (Kosten für Kommunikation, Büroausstattung und Büromaterial, Kontoführungsgebühren, Raummiete), Vorstandsentschädigungen, Ausgaben für Marketing und Öffentlichkeitsarbeit, Kosten der Rechts- und Steuerberatung und die GEMA-Pauschale die typischen Gemeinkosten in einem Sportverein dar.

Darüber hinaus existieren die sogenannten unechten Gemeinkosten. Diese könnten zwar einer bestimmten Vereinsleistung zugeordnet werden, werden aber aus Wirtschaftlichkeitsgründen gemeinsam für mehrere Bezugsobjekte erfasst. Beispielsweise könnten Wasser- und Stromzählerstände nach jedem Sportkurs abgelesen werden, um auf diese Weise die exakte Höhe der Strom- und Wasserkosten pro Kostenträger zu ermitteln. Diese Vorgehensweise erscheint jedoch sehr aufwendig, sodass Strom- und Wasserkosten als Gemeinkosten erfasst werden.

3.2.2 Fixe und variable Kosten

In vielen Sportvereinen machen die sogenannten fixen Kosten, die oftmals auch als Bereitschaftskosten bezeichnet werden, einen umfangreichen Kostenblock aus. Diese fallen definitionsgemäß immer konstant in gleicher Höhe an – unabhängig von der produzierten Leistungsmenge. Demnach existieren diese Kosten in jedem Fall, egal ob keine, fünfzig oder fünfhundert Trainingseinheiten in einer Periode durchgeführt werden. In einem Sportverein werden beispielsweise das Gehalt des hauptamtlichen Geschäftsführers, Aufwandsentschädigungen für den Vorstand, Pacht für die Vereinshalle, monatliche Gebühren für den Internet- bzw. Telefonanschluss und Unterhaltungskosten für Vereinsimmobilien zu den fixen Kosten gezählt.

In der Regel stellen fixe Kosten Gemeinkosten im Sinne der nicht gegebenen Zurechenbarkeit zu einer Leistung dar, wobei Ausnahmen möglich sind. So können Personalkosten zwar fix sein, sind aber unter Umständen zu den Einzelkosten zu zählen. Beispielsweise im Bereich des Leistungssports kann es den Fall geben, bei dem die Trainertätigkeit nicht nach Leistung (z. B. nach Anzahl der durchgeführten Trainingseinheiten), sondern pro Zeitperiode (z. B. pro Monat) vergütet wird. Die entstandenen Kosten sind auf der einen Seite fix, da sie auch dann anfallen würden, wenn der Kurs bzw. das Training einmal nicht stattfindet, auf der anderen Seite können sie aber eindeutig einem Kostenträger zugerechnet werden.

Variable Kosten sind dagegen solche Kosten, die sich bei der Änderung der Beschäftigung auch ändern (Scherrer, 2005, S. 678). Oft stellen variable Kosten gleichzeitig Einzelkosten dar, denn wenn eine Vereinsleistung (z. B. ein Sportkurs oder Mannschaftstraining) nicht hergestellt wird, werden beispielsweise auch solche Produktionsfaktoren wie Übungsleiter oder Hallenzeiten nicht gebraucht.

Trotzdem existieren auch solche variablen Kosten, die sich nicht den Einzelkosten im Sinne der Zurechenbarkeit zu den einzelnen Leistungen bzw. Kostenträgern zuordnen lassen. So gibt es bestimmte Kosten, die mit höherem Produktionsumfang „automatisch“ mitsteigen, aber trotzdem schwerlich einer einzelnen Leistung zugerechnet werden können. Beispielsweise müssen notwendige Reinigungsarbeiten in der Sporthalle durch deren höhere Beanspruchung faktisch häufiger durchgeführt werden. Dieser zusätzliche Produktionsfaktorenverbrauch kann jedoch kaum einer konkreten Trainingsgruppe oder Mannschaft zugerechnet werden, sodass die entstehenden Kosten eigentlich variabel sind, aber trotzdem als Fixkosten bzw. Gemeinkosten behandelt werden müssen (siehe auch „unechte Gemeinkosten", → Kap. 3.2.1).

In Abbildung 5 wird der Zusammenhang zwischen Einzel- und Gemeinkosten sowie variablen und fixen Kosten dargestellt.

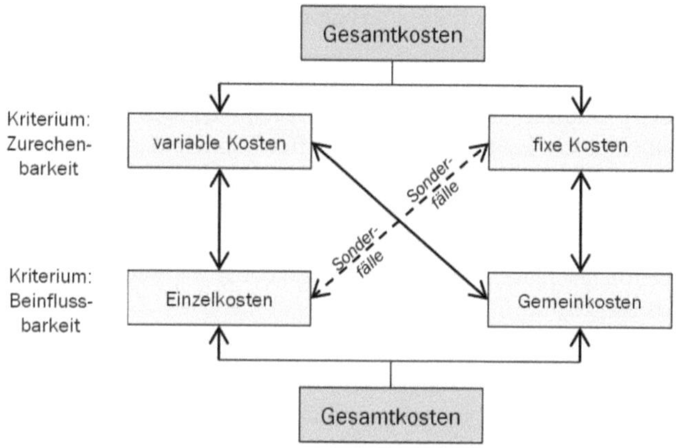

Abbildung 5: Verhältnis zwischen Einzel- und Gemeinkosten sowie variablen und fixen Kosten. Quelle: Eigene Darstellung in Anlehnung an Haberstock, 2008, S. 58.

3.3 Prinzipien der Kostenrechnung

Im Rahmen der Kostenrechnung sind die ermittelten Kosten auf die einzelnen Kostenbereiche (Kostenstellen) und Produkte bzw. Dienstleistungen (Kostenträger) nach Perioden zu verrechnen. Um diese Kostenverrechnung im Verein durchzuführen, stehen verschiedene, allgemein übliche Prinzipien zur Verfügung, die in diesem Abschnitt erläutert werden.

Das zentrale Prinzip der Kostenrechnung stellt das Verursachungsprinzip dar. Nach diesem Prinzip werden die Kosten solchen Kostenträgern, Kostenstellen und Perioden zugerechnet, die diese auch verursacht haben. Aus diesem Grund sollen alle Rechnungen im Verein unter der Voraussetzung erfolgen, dass Kosten und Leistungen möglichst verursachungsgerecht den jeweiligen Kostenobjekten zugewiesen werden sollen. Das Problem besteht jedoch darin, dass in Sportvereinen eine eindeutige Zurechenbarkeit nach dem Verursachungsprinzip an vielen Stellen nicht möglich ist, z. B. bei den Verwaltungskosten, beim Gehalt des Geschäftsführers, bei der Vorstandsentschädigung, bei den Abschreibungen für das Vereinsfahrzeug usw. In solchen Fällen kommen unterschiedliche Hilfsprinzipien in Form bestimmter Verrechnungsschlüssel in Frage. Diese sollen die Erzeugung der vermeintlich „korrekten" Ursache-Wirkungs-Zusammenhängen unterstützen.

Eines der kostenrechnerischen Hilfsprinzipien ist das sogenannte Proportionalitätsprinzip, nach dem Gemeinkosten proportional zu bestimmten Maß- oder Bezugsgrößen auf die Kostenobjekte verteilt werden. Auf diese Weise soll die Ursache-Wirkungs-Beziehung zumindest ansatzweise berücksichtigt werden.

Ein weiteres Kostenverteilungsprinzip ist das sogenannte Durchschnittsprinzip. Wie sein Name schon ankündigt, werden bei seinem Einsatz die Gemeinkosten durch die Anzahl der Bezugsobjekte dividiert und dann gleichmäßig auf diese verteilt. Problematisch ist hier jedoch, dass die tatsächliche Belastung der Produktionsmittel unbeachtet bleibt.

3.4 Allgemeiner Ablauf der Kostenrechnung

Wie der folgenden Übersicht entnommen werden kann, gliedert sich die Kostenrechnung in drei wesentliche Teilbereiche: Kostenartenrechnung (Kostenerfassung und -systematisierung), Kostenstellenrechnung (Kostenzuordnung) und Kostenträgerrechnung (Kalkulation und Erfolgsrechnung) (siehe Abbildung 6).

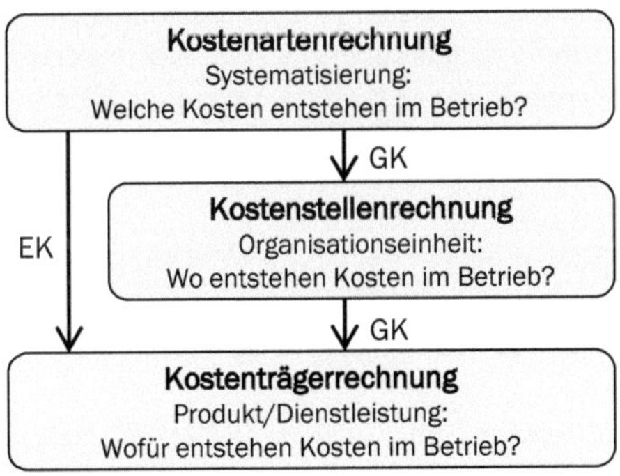

Abbildung 6: Schematischer Ablauf der Kostenrechnung. Quelle: Eigene Darstellung.

Den ersten Schritt der Kostenrechnung stellt die Kostenartenrechnung dar, mit deren Hilfe die Frage beantwortet werden soll, welche Kosten im Verein angefallen sind. Hierzu werden die Kosten nach den relevanten Kostenarten (z. B.

Personalkosten) sowie anschließend nach Einzel- und Gemeinkosten gegliedert (Kalenberg, 2013, S. 33ff.). Die in der Kostenartenrechnung ermittelten Einzelkosten werden dann direkt in die Kostenträgerrechnung übertragen. Da die Gemeinkosten keinem Kostenträger zugerechnet werden können, werden sie zunächst in die Kostenstellenrechnung geleitet.

Die Kostenstellenrechnung beantwortet dabei die Frage nach dem Ort, an dem die Gemeinkosten im Verein angefallen sind. Hierfür werden die Gemeinkosten mit Hilfe von Kostenschlüsseln auf Abrechnungsbezirke (Kostenstellen) übertragen. Entsprechend den Leistungsbeziehungen zwischen einzelnen Kostenstellen sollen im weiteren Schritt der Kostenstellenrechnung die Kosten zwischen den Kostenstellen verrechnet werden.

Mit Hilfe der Kostenträgerrechnung kann die Frage beantwortet werden, wofür die Kosten im Verein angefallen sind. Hierfür werden die Gemeinkosten aus der Kostenstellenrechnung und Einzelkosten aus der Kostenartenrechnung auf die einzelnen Kostenträger möglichst verursachungsgerecht verrechnet. Anschließend werden die Gesamtkosten eines Kostenträgers pro Stück bzw. Einheit (Kostenträgerstückrechnung) und pro Periode (Kostenträgerzeitrechnung) ermittelt.

Es wird beim Betrachten dieses allgemeinen Ablaufs der Kostenrechnung ersichtlich, dass bevor man mit der Kostenrechnung im Verein startet, das Leistungserstellungssystem des Vereins analysiert und auf dessen Basis eine Kostenstruktur, entlang derer die Kostenverrechnung stattfindet, festgelegt werden muss. Hierfür sollen die Kostenträger (Produkte, Leistungen), die Kostenstellen (z. B. Vorstand) und die Kostenarten (z. B. Personalkosten) eindeutig festgelegt werden. Dabei kann der Detaillierungsgrad der Kostenrechnung (z. B. Anzahl der Kostenstellen, Kostenträger usw.) von Verein zu Verein variieren. Die beiden Bestimmungskriterien für den Detaillierungsgrad sind dabei die Steuerungsrelevanz sowie zur Verfügung stehende personelle Kapazitäten, mit denen der rechnerische Aufwand bewältigt werden kann.

3.5 Systeme der Kostenrechnung

Es gibt verschiedene Ansätze, mit welcher Zielsetzung bzw. Aussagekraft man die Kostenverrechnung vornimmt und auf welchen Zeitraum sich die zu verrechnenden Kosten beziehen. So wird zwischen Voll- und Teilkostenrechnung sowie zwischen Ist-, Normal- und Plankostenrechnung unterschieden (siehe Abbildung 7).

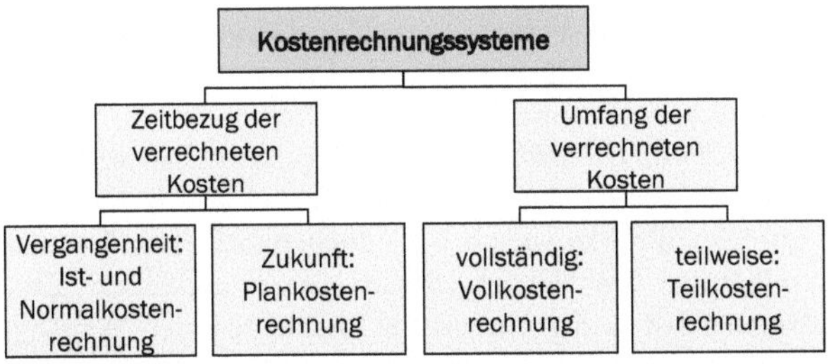

Abbildung 7: Kostenrechnungssysteme. Quelle: Eigene Darstellung.

3.5.1 Ist-, Normal- und Plankostenrechnung

Nach dem zeitlichen Horizont lassen sich Ist-, Normal- und Plankosten unterscheiden, was die Grundlage für unterschiedliche Kostenrechnungssysteme bildet. Von einer Ist-Kostenrechnung spricht man dann, wenn sich die verrechneten Kosten auf die Vergangenheit beziehen. Dieser Rechnungsvorgang erfolgt stets im Nachhinein. Die genaue Nachkalkulation der anfallenden Kosten und des effektiv erwirtschafteten Vereinsergebnisses stellen den großen Vorteil dieser Vorgehensweise dar. Andererseits ist eine Wirtschaftlichkeits- und Kostenkontrolle allein auf Ist-Kostenbasis nicht umsetzbar, da ein Vergleichsmaßstab (Sollgröße) fehlt, der erst einen Vergleich zwischen den tatsächlich angefallenen und den geplanten Kosten ermöglicht (Kalenberg, 2013, S. 143ff.).

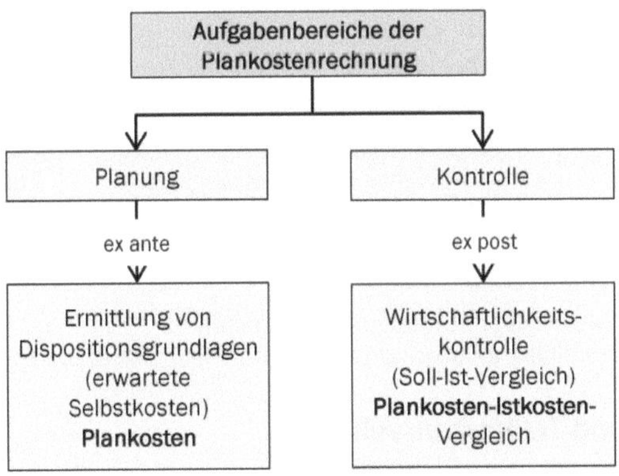

Abbildung 8: Aufgabenbereiche der Plankostenrechnung. Quelle: Wöhe, 2008, S. 988.

Eine Sonderform der Ist-Kosten stellen die sogenannten Normalkosten dar. Diese werden aus den Durchschnitten der um außerordentliche Vorgänge bereinigten Ist-Kosten der letzten Perioden gebildet. Daraus ergeben sich „geglättete“ Kosten, mit deren Hilfe Schwankungen in Preisen und Mengen ausgeglichen werden (Schierenbeck & Wöhle 2008, S. 801) und die als Sollgröße dienen könnten (Mumm, 2008, S. 136f.). Mittels der Normalkostenrechnung kann somit eine effiziente Kosten- und Wirtschaftlichkeitskontrolle innerhalb eines Sportvereins erfolgen. Problematisch ist jedoch dabei, dass Normalkosten als Sollgrößen den Mangel des Vergangenheitsbezuges aufweisen. Das bedeutet, dass in den Normalkosten die Unwirtschaftlichkeiten der Vergangenheit mit eingehen. Aus diesem Grund sind auch diese Kosten nur bedingt als Vergleichsmaßstab geeignet.

Um den Mangel des „Vergangenheitsbezuges“ der Normalkostenrechnung abzuhelfen und eine differenziertere, aussagekräftigere Abweichungsanalyse durchführen zu können, wurde für Planungszwecke („Vorkalkulation“) die sogenannte Plankostenrechnung entwickelt. Hier werden die erwarteten Selbstkosten ex ante angegeben. Im Rahmen der Kostenkontrolle findet dann anhand der Plankosten sowie der ermittelten Ist-Kosten die Überprüfung der Wirtschaftlichkeit des Vereins statt.

In der folgenden Tabelle werden die wichtigsten Merkmale der Ist-, Normal- und Plankosten zusammengefasst.

	Ist-Kosten	**Normalkosten**	**Plankosten**
Zeitbezug	Vergangenheit	Vergangenheit	Zukunft
Kosteninhalt (Interpretation von „Kosten“)	effektiv entstandene Kosten in einer speziellen Periode (oder Leistungserstellung) im Sportverein	üblicherweise entstehende Kosten für eine solche Periode (oder Leistungserstellung) im Sportverein	planmäßig entstehende Kosten für eine planmäßige Periode (oder Leistungserstellung) im Sportverein

Tabelle 2: Merkmale der Ist-, Normal- und Plankosten.
Quelle: Eigene Darstellung in Anlehnung an Rautenberg, 2008, S. 29.

3.5.2 Voll- und Teilkostenrechnung

Weiterhin wird nach dem Grad der Weiterverrechnung der Kosten zwischen der Vollkostenrechnung und Teilkostenrechnung unterschieden. Von einer Vollkostenrechnung spricht man dann, wenn alle angefallenen Kosten einer Periode auf die Kostenträger umgelegt bzw. weiterverrechnet werden. Auf Basis der ermittelten Vollkosten pro Kostenträger erfolgt zwar die überwiegende Mehrheit der

Berechnungen in der tradierten Kostenrechnung. Allerdings hat sie Grenzen in ihrer Aussagekraft, die in → Kapitel 4.5 näher betrachtet werden.

Wenn aber nur Teile aller ermittelten Kosten weiterverrechnet werden, handelt es sich um die Teilkostenrechnung, auch Grenzkostenrechnung genannt. Demnach werden im Rahmen der Teilkostenrechnung einem Kostenträger lediglich die variablen Kosten zugeordnet. Damit vermeidet man eine komplizierte und „zwanghafte" Verrechnung der Gemeinkosten, wie sie im Rahmen der Vollkostenrechnung praktiziert wird.

4 Vollkostenrechnung im Sportverein

In diesem Kapitel werden die Möglichkeiten einer praxisnahen Umsetzung der Vollkostenrechnung im Sportverein aufgezeigt. Zunächst erfolgt die Auseinandersetzung mit den drei Stufen der Kostenrechnung, nämlich der Kostenarten-, Kostenstellen- und Kostenträgerrechnung. Im Anschluss daran werden die Möglichkeiten der Auswertung sowie die Defizite der Vollkostenrechnung erläutert.

4.1 Kostenartenrechnung im Sportverein

Die grundsätzliche Aufgabe der Kostenartenrechnung besteht darin, die Kosten zum Zweck einer verursachungsgerechten Weiterverrechnung vollständig zu erfassen und nach einzelnen Kostenarten sowie nach Einzel- und Gemeinkosten eindeutig sowie überschneidungsfrei zu gliedern (Kalenberg, 2013, S. 33). Dementsprechend erfolgt die Kostenartenrechnung in drei Schritten, wie in der unteren Abbildung dargestellt ist.

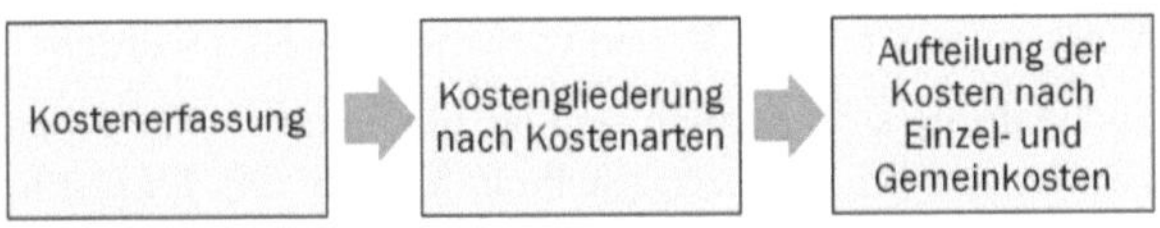

Abbildung 9: Ablauf der Kostenartenrechnung.
Quelle: Eigene Darstellung in Anlehnung an Rautenberg, 2008, S. 29.

Aufgrund der großen Bedeutung der Kostenartenrechnung für alle nachfolgenden Rechenvorgänge im Rahmen der Kostenrechnung hat sie folgende Anforderungen zu erfüllen (in Anlehnung an Manz & Dahmen, 2001, S. 11):

- Die realen Gegebenheiten im Verein sollen möglichst strukturgleich in Kostenzahlen abgebildet werden.
- Die Nachprüfbarkeit soll anhand von Belegen gewährleistet werden.
- Die Kostenartenrechnung soll vollständig, genau und aktuell erfolgen.
- Die Kostenartenrechnung soll den Prinzipien der Wirtschaftlichkeit und der Flexibilität folgen.
- Die Kostenartenrechnung soll Angaben in Bezug auf die Periodenzuordnung und den Aufgabencharakter liefern.

Es ist dabei anzumerken, dass die Kostenartenrechnung nicht nur als Zuarbeiter für alle nachfolgenden Rechenvorgänge fungiert, sondern auch eine eigenständige Rolle einnehmen kann. So liefert sie einen ersten Überblick über die Kostenstruktur sowie das Kostenniveau in einem Sportverein und bildet den Ausgangspunkt für kostenartenbezogene Planungen, Kontrollen sowie Analysen (in Anlehnung an Manz & Dahmen, 2001, S. 12).

4.1.1 Kosten erfassen

Die Frage, die sich zu Beginn des Kostenrechnungsprozesses stellt, ist folgende: Woher können die notwendigen Kostendaten gewonnen werden? Als wichtigster Datenlieferant kommt die Vereinsbuchhaltung in Frage. Dabei hat die doppelte Buchführung gegenüber der einfachen Buchführung einen großen Vorteil, da sie in ihrem Aufbau, der in Kontenklassen, -gruppen und -arten gegliedert ist, prinzipiell der Kostenrechnung ähnelt. So kann beispielsweise durch die Bezeichnung eines Kontos in der Buchführung auf die Kostenart und sogar auf die Kostenstelle oder den Kostenträger geschlossen werden. Aus diesem Grund kann die doppelte Buchführung die Kostenrechnung besonders einfach mit Daten beliefern. Ergänzt werden kann die Finanzbuchhaltung als Hauptquelle der Kostenrechnung durch Nebenrechnungen wie die Honorar- und Gehaltsabrechnungen, die der Ermittlung von Personalkosten dienen, sowie durch die Material- und Anlagenabrechnungen, in denen Bestände sowie ggf. die Zu- und Abgänge an Werkstoffen, falls im Verein vorhanden, erfasst werden.

Die Vereinsbuchhaltung stößt jedoch als Datenlieferant für die Kostenrechnung an mehreren Stellen an ihre Grenzen (Stelling, 2009, S. 25). Das ist insbesondere der Fall,

- wenn die Finanzbuchhaltung gar keine Kosten oder Kosten in anderer Höhe erfasst (die sogenannten kalkulatorischen Kosten),
- wenn sie eine andere periodenmäßige Erfassung der Kosten aufweist (beispielsweise sollen in der Kostenrechnung im Gegensatz zur Buchhaltung Urlaubslöhne gleichermaßen auf das ganze Jahr verteilt werden), oder
- wenn die Kostenrechnung eine weitere Kostenaufschlüsselung der durch die Buchhaltung erfassten Kosten erfordert (z. B. Trennung von Einzel- und Gemeinkosten).

Im ersten Schritt der Kostenerfassung müssen daher die in der Buchführung erfassten neutralen Aufwendungen von den Zweckaufwendungen sachlich bzw. periodisch im Rahmen der sogenannten Abgrenzungsrechnung (Neutralrechnung) abgegrenzt werden. Dann können die Zweckaufwendungen (entsprechen definitorisch den Grundkosten) in die Kostenrechnung aufgenommen werden. Im weiteren Schritt sind die kalkulatorischen Kosten gesondert zu ermitteln (z.

B. durch Stundenaufstellung bei freiwilligen Mitarbeitern, durch Berechnung der Wagniskosten usw.) (siehe Abbildung 10).

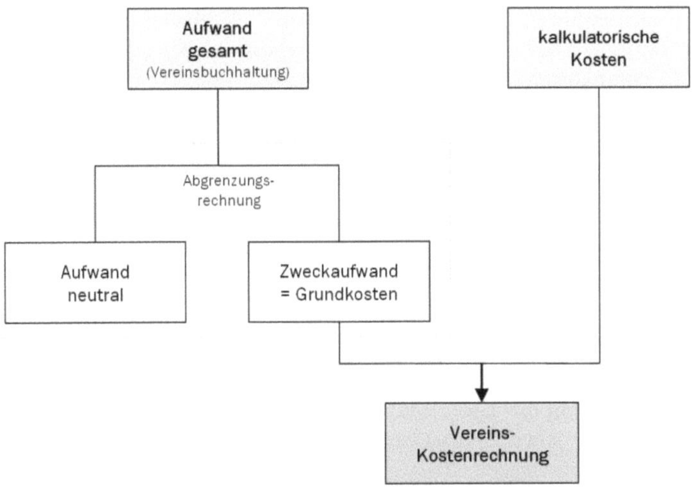

Abbildung 10: Kostenerfassung für die Vereinskostenrechnung.
Quelle: Eigene Darstellung.

4.1.2 Kosten nach Kostenarten einteilen

Im nächsten Schritt der Kostenartenrechnung müssen die erfassten Kosten eindeutig, überschneidungsfrei und lückenlos nach ihren Arten unterteilt werden. Als Kostenart gilt die Menge aller Kosten, denen ein Merkmal in gleicher Weise zugrunde liegt (Steger, 2010, S. 174). Dabei gibt es unterschiedliche Merkmale, nach denen Kosten eingeteilt werden können. Diese sind die Art der verbrauchten Produktionsfaktoren, die Zurechenbarkeit auf die Kostenträger, der Verlauf der Beschäftigungsänderungen, die betrieblichen Funktionsbereiche, die Art der Kostenerfassung und die Kostenträger. Um Doppelerfassungen zu vermeiden, wird in der Literatur eine Kosteneinteilung nach der Art der verbrauchten Produktionsfaktoren empfohlen (Graumann & Thieme, 2010, S. 112; Scherrer, 2005, S. 715). Daran angelehnt ergibt sich für Sportvereine folgende generelle Kategorieneinteilung: Personalkosten, Sachkosten (umfassen Dienstleistungskosten und Werkstoff- bzw. Materialkosten) und kalkulatorische Kosten. Dabei ist es sinnvoll, in jeder Kategorie eine tiefere Gliederung der Kostenarten vorzunehmen:

- Personalkosten: Löhne, Gehälter, Sozialleistungen, lohn- und gehaltsabhängige Abgaben usw.
- Sachkosten:
  - Dienstleistungskosten: Beratungskosten, Verbandsabgaben, Steuern, Transport-/Reisekosten, Versicherungskosten, Miete, Pacht, Internet-/Telefonkosten usw.
  - Werkstoff- bzw. Materialkosten: Kosten für bestimmte Verbrauchsgüter
- Kalkulatorische Kosten: kalkulatorische Gehälter, Mieten, Zinsen, Abschreibungen usw.

Im folgenden Buchabschnitt werden diese Kostenarten sowie die Möglichkeiten der entsprechenden Kostenerfassung erläutert. Darüber hinaus wird auch auf die Relevanz der einzelnen Kostenarten für Sportvereine eingegangen.

4.1.2.1 Personalkosten[2]

Personalkosten entstehen durch die Tätigkeit der Mitarbeiter im Verein. Sie umfassen dabei nicht nur Lohn- und Gehaltskosten, sondern auch die Sozialversicherungsbeiträge sowie alle weiteren in Verbindung mit der Arbeitsleistung anfallenden Kosten (Steger, 2010, S. 200). Personalkosten im Sinne bezahlter Mitarbeit sind für viele Sportvereine von großer Bedeutung. So gibt mehr als ein Viertel aller deutschen Sportvereine (25,7 Prozent) laut Sportentwicklungsbericht 2013/2014 an, bezahlte Mitarbeiter zu beschäftigen (Breuer & Feiler, 2014, S. 20).

Personalkosten können nach folgenden Kategorien gegliedert werden (in Anlehnung an Kalenberg, 2013, S. 40ff.; Känel, 2008, S. 160ff.):

- Lohn/Gehalt: Hier handelt es sich um Arbeitsentgelt für Vereinsangestellte.
- Honorare und Entschädigungen: Diese Kategorie umfasst sämtliche Honorare und Entschädigungen an nichtangestellte Vereinsmitarbeiter, für die auch keine Sozialleistungen bezahlt werden (z. B. Übungsleiter, Trainer usw.). Da aber Honorare und Entschädigungen an Externe gezahlt werden, können sie deswegen alternativ unter Dienstleistungskosten erfasst werden.
- Leistungszulage/Prämie: Zu dieser Kategorie gehören beispielsweise Siegesprämien für Sportler.
- Mehrarbeitsvergütung: Hier handelt es sich um Aufschläge beispielsweise für Wochenendarbeit für Vereinsmitarbeiter, die einen großen Event organisieren.

---

[2] Der Begriff „Personalkosten" wird hier synonym für die Kosten verwendet, die durch eine bezahlte Mitarbeit verursacht werden.

- Gehaltszulagen: Gehaltszulagen werden z. B. für Kinder der angestellten Vereinsmitarbeiter gezahlt.
- Gesetzliche Sozialaufwendungen: Es geht hier um den Arbeitgeberanteil zur Sozialversicherung (der Verein als Arbeitgeber bezahlt nahezu 50 Prozent der Kranken-, Arbeitslosen-, Renten- und Pflegeversicherung und 100 Prozent der Unfallversicherung).
- Gesetzliche soziale Leistungen: z. B. Gehaltsfortzahlung im Krankheitsfall.
- Freiwillige soziale Leistungen: z. B. Ausgaben für Betriebsrente.
- Personalnebenkosten: Darunter fallen Aufwendungen für Aus- und Weiterbildung der Vereinsmitarbeiter, Personalrekrutierung (Kosten für Schaltung der Inserate und Vermittlungsgebühren), Personalanlässe (Mitarbeiterausflug, Weihnachtsessen usw.) und weiteres (Geschenke, Jubiläen usw.).
- Sonstige Personalkosten: z. B. Mitarbeiterrabatte.

Die Erfassung der Personalkosten erfolgt in der Regel durch die im Betrieb bestehenden Formen der Entlohnung. Grundsätzlich kommen Zeit und Leistung als Erfassungs- bzw. Berechnungsbasis für Löhne/Gehälter in Frage (siehe Abbildung 11).

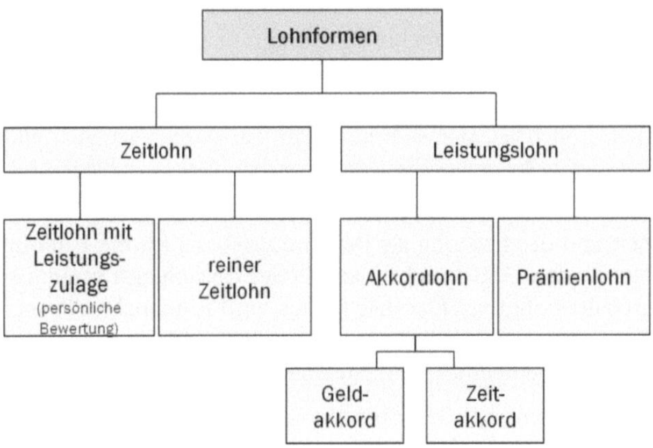

Abbildung 11: Lohnformen. Quelle: Wöhe, 2013, 143.

Zeitlohn steht dabei für einen Entlohnungsgrundsatz mit einer festen Vergütung für eine bestimmte Zeiteinheit. Ist diese Zeiteinheit eine Stunde, so wird von Stundenlohn gesprochen (REFA, 1989, S. 63). Die Berechnung des Zeitlohns erfolgt gemäß dieser Definition rein nach körperlicher Anwesenheit. Zusätzlich zum Zeitlohn kann eine etwaige Leistungszulage nach subjektiven Kriterien (z. B.

Motivation bzw. Einsatzbereitschaft der Vereinsmitarbeiter) oder auch objektiven Kriterien (z. B. Gewinn der Meisterschaft, des Spiels) gewährt werden. In den meisten Betrieben erfolgt die Entlohnung monatsweise, was heutzutage zum Regelfall geworden ist. Der vereinbarte Monatslohn ist dabei unabhängig von der Länge des Monats sowie der Anzahl an Sonn- und Feiertagen.

Für Akkordlohn gibt der Verband für Arbeitsstudien und Betriebsorganisation folgende Definition an (REFA, 1989, S. 32): *„Akkordlohn ist ein Entlohnungsgrundsatz, bei dem der Lohn in der Regel anforderungs- und leistungsabhängig differenziert wird. Als Leistungskennzahl wird die vom Menschen beeinflussbare Mengenleistung [= Geldakkord] beziehungsweise der daraus abgeleitete Zeitgrad [= Zeitakkord] benutzt. Der Zeitgrad ist auf eine bestimmte Bezugsleistung bezogen"*. Gemäß dieser Definition erfolgt die Entlohnung mit Akkordlohn anhand der erbrachten Mengenleistung, wobei gewährleistet sein soll, dass der gesetzliche bzw. tarifliche Mindestlohn für die geleisteten Arbeitsstunden erreicht wird. Der Prämienlohn setzt sich aus dem leistungsabhängigen Grundlohn und einem planmäßigen zusätzlichen Entgelt für Mehrleistungen zusammen.

Dabei ist zu beachten, dass sich die Erfassung der Arbeitszeiten und Akkordleistungen vom kostenrechnerischen System unterscheidet. So werden diese in der Ist-Kostenrechnung mit tatsächlichen Lohnsätzen bzw. Akkordlohnsätzen bewertet. Bei der Normalkostenrechnung erfolgt die Bewertung im Gegensatz dazu anhand der Durchschnittssätze aus vergangenen Perioden. Es ist auch zu unterstreichen, dass für die Kostenberechnung nicht der Nettolohn, sondern der Bruttolohn maßgeblich ist, der sich aus dem Tariflohn zuzüglich aller gesetzlichen Zulagen, des gesetzlichen Sozialaufwandes, aller Zuschläge und Prämien ergibt (Scherrer, 2005, S. 718).

Neben der Zeit und der Leistung als Berechnungsbasis für die Entlohnung gibt es noch weitere Formen. So spricht man bei der Bezahlung für ein ganzes Projekt von Pauschalentlohnung. Darüber hinaus wird in manchen Branchen auch ein umsatz- bzw. absatzabhängiges Arbeitsentgelt bezahlt, was jedoch für Sportvereine aufgrund der gemeinnützigen Ausrichtung nicht von Relevanz ist.

In Sportvereinen kommt bei der Ermittlung der Personalkosten vor allem die Arbeitszeit zum Tragen. So bekommen in der Regel die Voll- und Teilzeitbeschäftigten einen monatlichen Lohn ausgezahlt. Honorarkräfte rechnen ihre Tätigkeit ebenso nach Zeit ab (i.d.R. stundenweise) und stellen dem Verein am Ende des Monats eine Rechnung. Trotzdem können Sportler als bezahlte Mitarbeiter unter Umständen nach der Anzahl der absolvierten Spiele bzw. Wettbewerbe vergütet werden, was grundsätzlich der Definition des Akkordlohns entspricht. Darüber hinaus wird, wie bereits zuvor erwähnt, für Siege in den einzelnen Spielen, Wettbewerben oder für geschossene Tore oft eine Leistungszulage bzw. ein Prämienlohn ausgezahlt.

4.1.2.2 Werkstoffkosten

Werkstoffkosten (synonym für Materialkosten) fallen grundsätzlich für Materialien an, die im Rahmen des Produktionsprozesses verarbeitet werden und in das Endprodukt eingehen. Unter dem Oberbegriff Werkstoffkosten lassen sich folgende Unterbegriffe subsumieren (in Anlehnung an Kalenberg, 2013, S. 35ff.):

- Rohstoffe: Unter Rohstoffe fallen alle Güter, die als Hauptbestandteil in das zu produzierende Produkt eingehen. Sie stellen somit einen wesentlichen Bestandteil des Produktes dar (z. B. Leder beim Laufschuh). Da der Output der Sportvereine immateriell ist, fehlt im Produktionsprozess der Rohstoffansatz. Somit ist diese Art der Werkstoffkosten für Sportvereine irrelevant.
- Hilfsstoffe: Als Hilfsstoffe werden sämtliche Güter bezeichnet, die unmittelbar in das Endprodukt eingehen, jedoch nur eine untergeordnete Bedeutung haben. Bei einem Laufschuh wären dies beispielsweise Leim oder Fäden. Aufgrund der Immaterialität der zu erbringenden Leistungen fehlen in der Regel auch Hilfsstoffe bei der Produktion in Sportvereinen.
- Betriebsstoffe: Diese Art der Werkstoffe wird nur zur Einsatzbereitschaft der Produktion benötigt und geht dementsprechend nicht in das Produkt ein. Im Sportverein können das Wasser in Duschkabinen, Strom in der Sporthalle, Farbe für Spielfeldlinien, Schmieröl für Fitnessgeräte, Magnesiumcarbonat (Magnesia) für Klettern und Turnen, Reinigungsmittel oder auch Büromaterial sein.

Zusammenfassend kann festgehalten werden, dass die Werkstoffkosten aufgrund der Immaterialität der Leistungen nur in einem geringeren Maße für Sportvereine relevant sind, wie es die obere Erläuterung verdeutlicht. Demnach sind auch die Methoden zur Erfassung der Werkstoffkosten eher überflüssig, da der mengenmäßige Verbrauch in den meisten Sportvereinen fehlt. Nur in Ausnahmefällen, wie beispielsweise in einem Motorsportklub (Kraftstoff, Ersatzteile usw.), bei Sportarten mit hohem Materialverschleiß (z. B. Munition beim Biathlon und Sportschießen) oder im Bewirtungsbereich, kann die Erfassung des mengenmäßigen Verbrauchs von Bedeutung sein.

Die Ermittlung der Werkstoffkosten erfolgt in zwei Schritten. Zunächst müssen die Materialverbrauchsmengen erfasst werden. Dies kann mit den folgenden drei Methoden geschehen:

- Zugangsmethode: Bei dieser Methode werden sofort sämtliche laut Lieferschein angefallenen Zugänge der betroffenen Periode als Verbrauch verzeichnet.
- Inventurmethode: Hier werden zunächst die ins Lager zugegangenen Waren zum Anfangsbestand addiert. Im nächsten Schritt wird davon der mittels In-

ventur ermittelte Endbestand abgezogen. Das Ergebnis dieser Rechnung entspricht dem Verbrauch.

- Skontrationsmethode (oder auch Fortschreibungsmethode): Bei dieser Methode wird bei jeder Entnahme von Gütern aus dem Lager ein Entnahmeschein ausgefüllt, um den entsprechenden Abgang an Material zu erfassen.

Sind die Verbrauchsmengen erfasst, können im nächsten Schritt ihre Kosten ermittelt werden. Diese ergeben sich aus dem mengenmäßigen Verbrauch multipliziert mit dem Preis. Für die Preisermittlung existieren verschiedene Verfahren, die hier aus Relevanz- und Platzgründen nur kurz beschrieben werden:

- Ist-Preisverfahren:
  - Verwendung der historischen Anschaffungs- und Herstellungskosten: Bei nicht gegebenen Preisveränderungen werden die historischen Anschaffungs- oder Herstellungskosten verwendet, um den Verbrauch zu berechnen.
  - Methode des periodischen Durchschnittspreises: Für jede Periode wird einmalig ein Durchschnittspreis ermittelt, der zur Berechnung des Verbrauchs verwendet wird.
  - Methode der gleitenden Durchschnittspreise: Die Vorgehensweise entspricht dem periodischen Verfahren, wohingegen lediglich nach jeder Lagerveränderung ein neuer Durchschnitt gebildet wird, welcher in Folge maßgeblich für die Berechnung des Verbrauchs ist.
- Festpreisverfahren:
  - Hier bildet der anfängliche Preis die Basis für die Berechnung, die für die ganze Periode konstant bleibt. Etwaige Preisschwankungen bleiben dabei ungeachtet.

4.1.2.3 Kalkulatorische Kosten

Weiterhin sind in der Kostenartenrechnung die kalkulatorischen Kosten zu erfassen. Diese stellen aufwandsungleiche Kosten dar und werden entweder zu den Zusatzkosten oder zu den Anderskosten gezählt (siehe → Kapitel 3.1.5).

In Sportvereinen bilden die kalkulatorischen Kosten in der Regel einen großen Kostenblock. Die meisten Sportvereine tun sich jedoch damit schwer, solche Sachverhalte zu erfassen, denen kein Aufwand oder ein Aufwand in einer anderen Höhe gegenübersteht. Die kalkulatorischen Kosten tragen jedoch bedeutend dazu bei, den tatsächlichen vereinszweckbezogenen Werteverzehr der Produktionsfaktoren widerzuspiegeln. Aus diesem Grund kann deren Erfassung den Vereinen helfen, Fehlentscheidungen (z. B. in Bezug auf die Preisgestaltung für Nichtmitglieder) zu vermeiden, die Wirtschaftlichkeit der Vereinsarbeit zu erhöhen (z. B. im Bereich der Freiwilligen/Ehrenamtlichen) und die wirtschaftliche Wirklichkeit realistisch darzustellen. Im Weiteren werden die unterschiedlichen Kategorien der kalkulatorischen Kosten beschrieben, wobei auf die Gründe für ihre Erfassung und Berücksichtigung bzw. Nichtberücksichtigung bei der Kalkulation der Mitgliedsbeiträge gesondert eingegangen wird.

Kalkulatorische Abschreibungen

Abschreibungen stellen den Werteverzehr für materielle und immaterielle Gegenstände eines Vereins dar. Dabei sind die kalkulatorischen Abschreibungen, die zum Zweck der Kostenrechnung durchgeführt werden, von den bilanziellen Abschreibungen abzugrenzen. Der Unterschied zwischen den beiden Abschreibungsarten besteht vor allem in Bezug auf ihre Berechnung, was folgend näher beschrieben wird.

In der Kostenrechnung werden planmäßige Abschreibungen bei den abnutzbaren Vermögensgegenständen wie beispielsweise bei den Sportgeräten und Sporthallen vorgenommen. Bei außerordentlichen Wertminderungen kommen zudem außerplanmäßige Abschreibungen zur Anwendung, die in Bezug auf abnutzbare sowie auch nicht abnutzbare Vermögensgegenstände (z. B. dem Vereinsgrundstück) vorgenommen werden (siehe Abbildung 12). So muss beispielsweise das Vereinsfahrzeug, das durch einen Unfall einen Totalschaden erleidet und nicht mehr instand gesetzt werden kann, komplett abgeschrieben werden. Eine außerplanmäßige Abschreibung hat zudem beim Vereinsgrundstück zu erfolgen, wenn eine neue Hochspannungsleitung über dasselbe geführt wird, was zur erheblichen Beeinträchtigung seines Wertes führt.

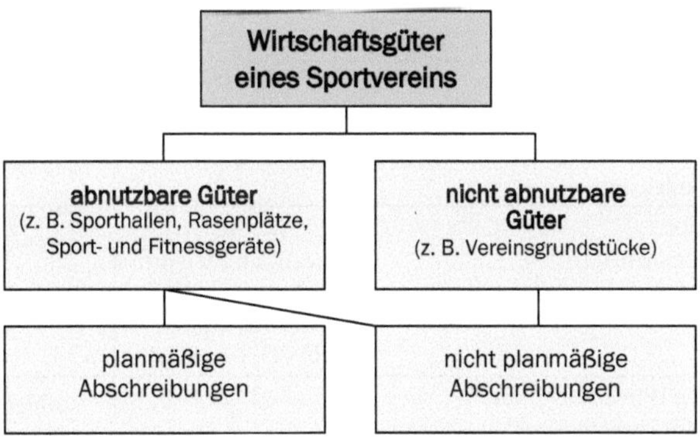

Abbildung 12: Abschreibungen im Sportverein. Quelle: Eigene Darstellung.

Darüber hinaus wird empfohlen, kalkulatorische Abschreibungen nicht nur für die erworbenen Güter, sondern auch für die gespendeten oder für die dem Verein auf eine bestimmte Dauer überlassenen Güter vorzunehmen und die erfassten Kosten bei der Kalkulation der Entgelte (darunter auch Mitgliederbeiträge) miteinzubeziehen. Der Grund für diese Vorgehensweise ergibt sich durch die berechtigte Annahme, dass in der Zukunft vermutlich die Möglichkeit zur unentgeltlichen Nutzung eines Objekts nicht mehr gegeben sein wird. Demnach müssen die für die Beschaffung notwendigen finanziellen Mittel durch die kalkulatorischen Abschreibungen erwirtschaftet werden (in Anlehnung an Horak, 1995, S. 349).

Für die Berechnung der kalkulatorischen Abschreibungskosten werden in der Regel nicht die ermittelten Abschreibungsbeträge aus der Finanzbuchhaltung zu Grunde gelegt, da sie als Basis die historischen Herstellungs- bzw. Anschaffungskosten haben. In der Kostenrechnung werden dagegen kalkulatorische Ausgangswerte (z. B. Wiederbeschaffungswerte, Zeitwerte) verwendet. Damit soll erreicht werden, dass nach Abnutzung des Anlagegutes dieses auch bei steigenden Wiederbeschaffungskosten ohne zusätzliche Kosten wiederbeschafft werden kann. Bei einem stabilen Preisniveau kann jedoch auch ein historischer Preis als adäquate Kalkulationsbasis für kalkulatorische Abschreibungen verwendet werden (Wich et al., 2011, S. 104ff.).

Vermögensgegenstand des Vereins	**wirtschaftliche Nutzung (in Jahren)**	**Abschreibungssatz (in %)**
Turn-/Sporthallen	20–35	5,00–2,86
Sportplätze (Rasen- , Tennis- und Hartplätze, einschl. Kunstrasenplätze)	15–25	6,67–4,00
Sportgeräte und Zubehör (Fitness- und Turngeräte)	10–15	10,00–6,67
Gebäude auf Sportanlagen (z. B. Umkleidekabinen)	60	1,67
Schwingboden (Turn- und Sporthalle)	20–35 (in Anlehnung an die Nutzungsdauer von entsprechenden Gebäuden)	5–2,86
EDV-Geräte, Büromaschinen/ Kommunikationssysteme	3–5	33,33–20,00
Mobiliar und Einrichtungen	8–10	12,50–10,00

Tabelle 3: Richtlinie zur Abschreibung von Wirtschaftsgütern im Sportverein.
Quelle: Eigene Darstellung (in Anlehnung an kommunale Abschreibungstabellen).

Ein weiterer Unterschied zu den Abschreibungen der Buchführung besteht darin, dass bei kalkulatorischen Abschreibungen als Berechnungsbasis nicht die laut gesetzlicher AfA-Tabelle vorgeschriebene Nutzungsdauer verwendet wird, sondern die tatsächliche Abnutzungsdauer, die davon erheblich abweichen kann. So kann es sein, dass das Schwimmbecken laut AfA-Tabelle über 20 Jahre abgeschrieben werden muss, aber tatsächlich für Vereinszwecke 30 Jahre genutzt werden kann. Für die Zwecke der Kostenrechnung ergibt sich also eine andere Nutzungsdauer als für die Finanzbuchhaltung.

Die geplante wirtschaftliche Nutzungsdauer muss dabei geschätzt werden, was individuell und nach den konkreten Gegebenheiten erfolgen sollte. In Tabelle 3 wird ein möglicher Ansatz zur Schätzung der wirtschaftlichen Nutzungsdauer von Wirtschaftsgütern der Sportvereine entwickelt. Da die genaue Nutzungsdauer nur schwer bestimmbar ist, kommt es gelegentlich zu Fehleinschätzungen. In so einem Fall muss der ursprünglich richtige Abschreibungsbetrag bei der neuerrechneten Nutzungsdauer ermittelt werden, damit er in den folgenden Jahren verrechnet werden kann. Alle anderen Alternativen (Beibehaltung des bisherigen Abschreibungsbeitrags oder lineare Abschreibung des Restbuchwertes) sind abzulehnen, da sie den tatsächlichen verursachungsgerechten Ressourcenverbrauch nicht abbilden können.

Aufgrund der fehlenden gesetzlichen Vorschriften können bei der kalkulatorischen Abschreibung im Gegensatz zur Bilanz alle möglichen Abschreibungsmethoden angewandt werden: lineare, geometrisch-degressive, arithmetisch-degressive, progressive und leistungsabhängige Abschreibung. Im Folgenden werden diese Methoden erläutert.

Lineare Abschreibung

Bei der linearen Abschreibung wird der Abschreibungsbetrag (Basiswert) eines Anlagegutes gleichmäßig auf die Rechnungsperioden, in denen das Gut voraussichtlich genutzt wird, verteilt. Demgemäß wird der jährliche Abschreibungsbetrag ausgerechnet, indem der Basiswert (B) durch die Zahl der Nutzungsjahre dividiert wird. Am Ende der Nutzungsdauer hat das Gut einen Wert von 0 Euro.

$$A = \frac{B}{ND}$$

A = Abschreibungsbetrag; B = Basiswert; ND = geschätzte Nutzungsdauer

Diese Abschreibungsmethode wird in der kostenrechnerischen Praxis am häufigsten angewandt, da sie recht einfach ist. Zudem kann die gleichmäßige Belastung als Ausdruck einer angestrebten Periodengerechtigkeit interpretiert werden.

Dies stellt ein bedeutendes Argument aus Sicht der Kostenrechnung dar, da keine Periode gegenüber der anderen bevorzugt bzw. benachteiligt wird. Gegen dieses Verfahren ist jedoch einzuwenden, dass es nicht dem typischen Verlauf des potenziellen Veräußerungserlöses des abzuschreibenden Gutes entspricht, der nicht linear, sondern eher degressiv (unterproportional) verläuft. Aus diesem Grund werden mitunter in der kostenrechnerischen Praxis degressive Abschreibungsmethoden angewandt (Weber & Weißenberger, 2010, S. 87).

Degressive Abschreibung

Bei der degressiven Abschreibung unterscheidet man zwischen einer arithmetischen oder geometrischen Art. Bei der arithmetisch-degressiven Abschreibung wird von Periode zu Periode in abnehmenden Raten abgeschrieben. Die Abnahme erfolgt dabei um einen stets gleichbleibenden Betrag (der sogenannte Degressionsbetrag D). Dies führt zu degressiven, also immer geringeren Abschreibungsbeträgen. Auch bei dieser Methode ergibt sich am Ende der Nutzungsdauer der Wert von 0 Euro.

$$D = \frac{B}{\frac{ND * (ND + 1)}{2}}$$

$$A_t = D * (ND + 1 - t)$$

D = Degressionsbetrag; A_t = Abschreibungsbetrag im Zeitpunkt t; B = Basiswert;
ND = geschätzte Nutzungsdauer; t = Anzahl vergangener Perioden

Kommt die geometrisch-degressive Abschreibungsart zur Anwendung, erfolgt die Abschreibung ebenso in abnehmenden Raten. Die Raten werden jedoch nicht um einen konstanten Betrag, wie dies bei der arithmetisch-degressiven Abschreibung der Fall ist, sondern um einen konstanten Prozentsatz p vermindert. Im Unterschied zu den anderen Abschreibungsarten ergibt sich hier stets ein Restwert. Um dies zu umgehen, wird oftmals nach einer bestimmten Anzahl von Perioden auf eine lineare Abschreibung des Restwertes übergegangen.

$$p = 100 * (1 - \sqrt[ND]{\frac{K}{B}})$$

$$A_t = R_{t-1} * p$$

p = Abschreibungssatz; A = Abschreibungsbetrag; B = Basiswert;
ND = geschätzte Nutzungsdauer; t = Anzahl vergangener Perioden;
K = Restwert am Ende der ND; R_{t-1} = Restbuchwert der Vorperiode

Die beiden dargestellten degressiven Abschreibungsmethoden führen zwar zu einer nicht gleichmäßigen Belastung der Rechnungsperioden, deren Anwendung lässt sich jedoch aus betriebswirtschaftlicher Sicht schlüssig begründen: Mit der zunehmenden Nutzungsdauer einer Sporthalle oder eines Sportgeräts nehmen auch ihre Instandhaltungskosten progressiv zu. Beide Kostenarten (kalkulatorische Abschreibung und Instandhaltungskosten) führen dementsprechend zu einer relativen Gleichbelastung der Perioden.

In Tabelle 4 findet sich ein Vergleich der beiden degressiven Abschreibungsarten mit der linearen Abschreibungsart am Beispiel der Abschreibung eines Pkws (Wiederbeschaffungswert von 15.000 Euro) statt.

Zeit	linear	arithmetisch-degressiv	geometrisch-degressiv
01.01.2012	15.000 -3.000	15.000 -5.000	15.000 -5.535
01.01.2013	12.000 -3.000	10.000 -4.000	9.465 -3.493
01.01.2014	9.000 -3.000	6.000 -3.000	5.972 -2.186
01.01.2015	6.000 -3.000	3.000 -2.000	3.768 -1.408
01.01.2016	3.000 -3.000	1.000 -1.000	2.378 -878
01.01.2017	0	0	1.500
	$\mathrm{A} = \frac{15.000}{5\ \mathrm{Jahre}} = 3.000$	$D = \frac{15.000}{\frac{5 * (5+1)}{2}} = 1.000$ $A_1 = 1.000 * (5 + 1 - 1) = 5.000$	$p = 100 * (1 - \sqrt[5]{\frac{1.500}{15.000}}) = 36{,}9\%$ $A_1 = 15.000 * 0{,}369 = 5.535$

Tabelle 4: Vergleich der Abschreibungsarten.
Quelle: Eigene Darstellung in Anlehnung an Coenenberg et al., 2009, S. 83.

Progressive Abschreibung

Eine weitere Form der Abschreibung ist die progressive Abschreibung. Im Unterschied zu den degressiven Abschreibungen steigen hier die Abschreibungsraten, wobei die Progression arithmetisch oder geometrisch verlaufen kann. In der Praxis wird diese Methode nur sehr selten angewandt, da mit der zunehmenden Nutzungsdauer eines Wirtschaftsguts auch seine Instandhaltungskosten progressiv zunehmen. Dadurch kommt es insbesondere in den letzten Abschreibungsperioden zu einer doppelten Belastung. Da dieses Verfahren keine praktische Bedeutung hat, wird hier auf ein entsprechendes Rechenbeispiel verzichtet.

Leistungsabhängige Abschreibung

Im Gegensatz zu den anderen Abschreibungsmethoden, denen die Nutzungsdauer eines Wirtschaftsgutes zugrunde liegt, richtet sich die leistungsabhängige Abschreibung nach seiner Inanspruchnahme. Demnach werden die Herstellungs- bzw. Wiederbeschaffungskosten entsprechend der tatsächlichen jährlichen Leistungsinanspruchnahme auf Basis eines zu schätzenden Gesamtvolumens verteilt. Da das Verfahren eine Messung der Leistungsabgabe erfordert, ist es schwer anwendbar und eignet sich nur für die Abschreibung weniger Vereinsgüter wie z. B. eines Vereinsfahrzeuges (hier wäre eine Leistungsmessung mit Hilfe des jeweiligen Kilometerstandes möglich). Aufgrund dieser geringen Relevanz für Sportvereine wird auch bei der leistungsabhängigen Abschreibung auf ein Rechenbeispiel verzichtet.

Kalkulatorische Zinsen

Die kalkulatorischen Zinsen (auch kalkulatorische Zinskosten genannt) stellen einen weiteren möglichen kalkulatorischen Kostenblock dar. Sie werden für das gebundene Gesamtkapital, das zur Finanzierung des Vereinszwecks eingesetzt wird, unabhängig von der Art der Finanzierung (Eigen-/Fremdkapital) berechnet und weichen daher meist von dem im Rahmen der Buchhaltung erfassten Zinsaufwand ab. Werden also Teile des Eigen- oder Fremdkapitals im Verein nicht sachzielbezogen eingesetzt, stellen die dazugehörigen Kapitalzinsen keine Kosten, sondern neutrale Aufwendungen dar, die in der Kostenrechnung nicht erfasst werden dürfen (siehe Kapitel 3.1.3).

Im Rahmen der kalkulatorischen Zinsberechnung ist zwischen Zinsen auf Fremdkapital und auf Eigenkapital zu unterscheiden. Die Bereitstellung des Fremdkapitals für die Finanzierung sachzielbezogener Zwecke kann grundsätzlich als Dienstleistung angesehen werden, was als betriebsnotwendiger Verbrauch von Produktionsfaktoren zu verstehen ist. Dem Ansatz der kalkulatorischen Kapitalzinsen auf Eigenkapital liegt dagegen der Opportunitätskostengedanke zugrunde. Unter Opportunitätskosten werden dabei entgangene Erlöse der nächstbesseren Verwendung verstanden. Demzufolge stellt das in einem Betrieb in Anlagen investierte Eigenkapital einen Wertverzehr dar, denn man hätte damit theoretisch auf dem Kapitalmarkt Zinserträge erwirtschaften können (Hans, 2002, S. 114).

Die Frage, ob die kalkulatorische Eigenkapitalverzinsung in NPOs, also auch in Sportvereinen Berücksichtigung finden sollen, ist in der Wissenschaft und Praxis jedoch umstritten. Die Gegner der Eigenkapitalverzinsung weisen darauf hin, dass in NPOs die Bedarfsdeckung und nicht Erwirtschaftung der Gewinne an erster Stelle steht. Das Eigenkapital einer NPO ist an einen nichtmonetären Zweck gebunden und soll daher nicht zur optimalen Eigenkapitalverzinsung an einer anderen Stelle angelegt werden (siehe Seufert, 1999, S. 122). Im Kontext der Sportvereine bedeutet diese Gegenargumentation, dass es praktisch ausgeschlossen ist, dass ein Sportverein seinen ganzen Besitz auf dem Kapitalmarkt anlegt, denn in diesem Fall würde er seine primären Aufgaben, nämlich die Deckung des Bedarfs nach sportlicher Betätigung, vernachlässigen.

Diesem Argument ist jedoch entgegenzuhalten, dass es theoretisch nicht ausgeschlossen ist, dass beispielsweise Vereinsgewinne nicht in neue Anlagen investiert werden, sondern auf dem Kapitalmarkt angelegt werden, wobei die dadurch erwirtschafteten Erträge zur Finanzierung des Vereinszwecks eingesetzt werden. Aus diesem Grund ist die Berechnung des entgangenen Nutzens durch die Bereitstellung des Eigenkapitals auch für eine verursachungsgerechte Kostenrechnung der Sportvereine von Relevanz, weil nur auf diese Weise der tatsächliche Werteverzehr, der durch die Bindung des Kapitals entsteht, abgebildet werden kann (in Anlehnung an Fillinger, 1995, S. 124). Basierend auf diesem Argumentationsstandpunkt kann empfohlen werden, die kalkulatorischen Kosten auf das Eigenkapital zum Zweck einer verursachungsgerechten Rechnung zu erfassen, wodurch eine Verbesserung der Gewinn-Definition gegenüber dem externen Rechnungswesen erzielt werden kann. Auf diese Weise kann auch aufgezeigt werden, welche Kapitalbelastung in einzelnen Kostenstellen des Vereins besteht.

Nur wenige gemeinnützige Organisationen berücksichtigen derzeit die Eigenkapitalfinanzierung bei der Kalkulation der Entgelte. Dies ist jedoch in den meisten Fällen ratsam, um die Inflation durch die Überschüsse auszugleichen und auf diese Weise den realen (und nicht nominalen) Werterhalt des Eigenkapitals sicherzustellen.[3] Dadurch kann die Organisationsexistenz langfristig gesichert werden.

Die kalkulatorischen Zinsen lassen sich aus dem betriebsnotwendigen Kapital multipliziert mit einem Kalkulationszinssatz ermitteln (Steger, 2010, S. 240):

$$\text{Kalk. Zinsen} = \text{betriebsnotwendiges Kapital} * \text{Zinssatz}$$

Im Folgenden soll die Berechnung der kalkulatorischen Zinsen schrittweise beschrieben werden.

---

[3] Bei der Ermittlung der Zinsen ist darauf zu achten, dass es bei einem Gut nicht zu einer doppelten Berücksichtigung der Inflation kommt. Dies ist dann der Fall, wenn beim selben Gut Abschreibungen auf Basis von Wiederbeschaffungswerten erfolgen, wodurch die inflatorische Lücke geschlossen wird.

Schritt 1: Ermittlung des betriebsnotwendigen Vermögens

Den Ausgangspunkt der Berechnung des betriebsnotwendigen Kapitals stellt die Erfassung des betriebsnotwendigen Vermögens des Sportvereins dar. Unter dem betriebsnotwendigen Vermögen versteht man das Vermögen, das zur Erreichung des Betriebszwecks beiträgt.

Die Ermittlung des betriebsnotwendigen Vereinsvermögens erfolgt anhand der in der Bilanz enthaltenen Vermögenswerte der Aktivseite (Coenenberg et al., 2008, S. 88). Da nicht alle Bestandteile der bilanzierten Vermögenswerte der Realisierung des Sachziels des Vereins dienen, sind sie zunächst von dem gesamten bilanziell ausgewiesenen Vermögen abzuziehen. Dazu gehören beispielsweise ungenutzte oder fremdgenutzte Vereinsgrundstücke und Vereinsanlagen, stillgelegte Vereinsanlagen, Vereinsanlagen im Bau usw. Dabei ist Folgendes zu beachten: Werden kalkulatorische Zinsen nur in Bezug auf das Eigenkapital des Vereins ermittelt (Zinsen auf Fremdkapital könnten auch aus der Vereinsbuchhaltung übernommen werden), muss nur das betriebsnotwendige Vermögen ermittelt werden, das durch das Eigenkapital finanziert wird.

Schritt 2: Bewertung des betriebsnotwendigen Vermögens

Im nächsten Schritt findet die Bewertung des betriebsnotwendigen (Umlauf- und Anlage-)Vermögens statt. Diese Bewertung erfolgt aber in der Kostenrechnung nicht bei allen Posten gleich, was aus der Tabelle 5 ersichtlich wird.

Vermögensform	Wertansatz
nicht abnutzbares betriebsnotwendiges Anlagevermögen (z. B. Vereinsgrundstück)	kalkulatorischer Ausgangswert (i.d.R. Beschaffungskosten bzw. Wiederbeschaffungskosten)
abnutzbares betriebsnotwendiges Anlagevermögen (z. B. Sporthallen, Sportplätze, langlebige Sportgeräte usw.)	hälftiger kalkulatorischer Ausgangswert (Durchschnittswertmethode) oder Ausgangswert abzüglich der zwischenzeitlich angefallenen Abschreibungen (Restbuchwertmethode)
betriebsnotwendiges Umlaufvermögen: - Zahlungsmittelbestände (z. B. Vereinskassenbestände) - geleistete Anzahlungen - Vorräte (z. B. an Betriebsstoffen) - Forderungen - usw.	durchschnittlicher Buchwert

Tabelle 5: Bewertung des betriebsnotwendigen Vermögens. Quelle: Eigene Darstellung.

Schritt 3: Berechnung des betriebsnotwendigen Kapitals

Nachdem das betriebsnotwendige Vermögen ermittelt und bewertet wurde, kann schließlich das betriebsnotwendige Kapital des Vereins entsprechend dem unten angeführten Schema ausgerechnet werden:

Betriebsnotwendiges Vermögen – Abzugskapital = betriebsnotwendiges Kapital

Unter dem sogenannten Abzugskapital, das vom betriebsnotwendigen Vermögen abgezogen werden muss, ist das dem Verein zinsfrei zur Verfügung stehende Fremdkapital zu verstehen (z. B. zinsfreie Darlehen, Subventionen, Rückstellungen usw.).

Schritt 4: Ermittlung des kalkulatorischen Zinssatzes

Im nächsten Schritt wird der kalkulatorische Zinssatz ermittelt. Dafür müssen der Zinssatz für Fremdkapital und der Zinssatz für Eigenkapital berücksichtigt werden. Für die Berechnung der Zinsen auf das insgesamt in Anspruch genommene Fremdkapital kann ein Durchschnittszinssatz aus allen relevanten Fremdkapitalzinssätzen gebildet werden. Die Ermittlung des kalkulatorischen Zinssatzes für die Eigenkapitalverzinsung erfolgt dagegen nach dem Opportunitätskostenprinzip, wofür der Zinssatz der nächstgünstigsten Verwendung ausschlaggebend ist (Steger, 2010, S. 248). In der Praxis orientiert man sich dabei überwiegend am langfristigen und risikoarmen Kapitalmarkt wie z. B. dem Markt für Staatsanleihen. Der aktuelle Zins für zehnjährige Staatsanleihen in Deutschland liegt beispielsweise bei etwa 0,7 Prozent (Stand: Juni 2016). Hierzu wird in der Regel ein Zuschlag addiert, um das Risiko einer Fehleinschätzung zu berücksichtigen.

Alternativ können Zinskosten zusammen auf das gesamte in Anspruch genommene Kapital berechnet werden. Dafür muss ein gemeinsamer Mischzinssatz ermittelt werden, der sich am Verhältnis von Eigen- und Fremdkapital orientiert. Demnach ergibt sich der Mischzins aus der Summe des Eigenkapitalzinssatzes multipliziert mit dem jeweiligen Eigenkapitalanteil und Fremdkapitalzinssatzes multipliziert mit dem Fremdkapitalanteil:

$$\text{Mischzinsastz (\%)} = \text{Eigenkapitazinssatz (\%)} \times \frac{\text{EK}}{\text{EK} + \text{FK}} + \text{Fremdkapitalzinssatz(\%)} \times \frac{\text{FK}}{\text{EK} + \text{FK}}$$

EK – Eigenkapital, FK – Fremdkapital

Schritt 5: Ermittlung der kalkulatorischen Zinsen

Nachdem das betriebsnotwendige Eigen-/Fremdkapital und der Zinssatz ermittelt wurden, können schließlich die kalkulatorischen Zinsen entsprechend der folgenden Formel berechnet werden:

$$\text{kalkulatorische Zinsen} = \text{kalkulatorischer Zinssatz} * \text{betriebsnotwendiges Kapital}$$

Fallbeispiel: Ermittlung der kalkulatorischen Zinsen im Sportverein

Der TuS Musterhausen e.V. besitzt ein Grundstück (Wert: 200.000 Euro), auf dem sich ein Clubhaus befindet (150.000 Euro). Ein Drittel des Clubhauses soll vermietet werden und steht derzeit leer. In den anderen zwei Dritteln hat die Geschäftsstelle des Vereins ihren Sitz. Der Wert der langlebigen Sportgeräte sowie anderer Infrastruktur des Vereins beträgt 20.000 Euro. Der Kassenbestand und der Kontobestand liegen zusammen bei insgesamt 20.000 Euro. Das Kapital besteht zu 60 Prozent aus Eigen- und zu 40 Prozent aus Fremdkapital. Die Höhe der zinsfreien Darlehen betrug in der relevanten Rechnungsperiode 10.000 Euro. Anhand dieser Informationen sollen kalkulatorische Zinsen ermittelt werden, wenn der Zins für Staatsanleihen bei 2 Prozent liegt und der durchschnittliche Fremdkapitalzins 4 Prozent beträgt. Die Bewertung des abnutzbaren betriebsnotwendigen Anlagevermögens soll nach der Durchschnittswertmethode vorgenommen werden.

Schritte 1 und 2: Ermittlung und Bewertung des betriebsnotwendigen Vermögens (mit Durchschnittswertmethode)

Grundstück	200.000 =	200.000
Geschäftsstelle des Vereins (2/3 Clubhaus)	$\frac{150.000 \times 2/3}{2} =$	50.000
nicht genutzte Fläche des Clubhauses (1/3 Clubhaus)	nicht betriebsnotwendig =	0
langlebige Sportgeräte, sonst. Vereinsinfrastruktur	$\frac{20.000}{2} =$	10.000
Kasse, Konto	20.000 =	20.000
durchschnittliches betriebsnotwendiges Vermögen (BNV)		**280.000**

Schritt 3: Berechnung des betriebsnotwendigen Kapitals (BNK)

Als Abzugskapital vom betriebsnotwendigen Vermögen werden zinsfreie Darlehen in Höhe von 10.000 Euro berücksichtigt:

$$\text{BNK} = \text{BNV} - \text{Abzugskapital} = 280.000 - 10.000 = 270.000\ €$$

Schritt 4: Ermittlung des kalkulatorischen Zinssatzes

Der kalkulatorische Zinssatz stellt den sogenannten Mischzins dar, der sich aus Eigen- und Fremdkapitalzinssätzen nach dem durchschnittlichen Verhältnis der Eigen- und Fremdfinanzierung des Vereins ergibt.

$$0{,}02 * 0{,}6 + 0{,}04 * 0{,}4 = 0{,}012 + 0{,}016 = 0{,}028 \text{ bzw. } 2{,}8\ \%$$

Schritt 5: Ermittlung der kalkulatorischen Zinsen

Die kalkulatorischen Zinsen pro Jahr ergeben sich schließlich aus dem Produkt des betriebsnotwendigen Kapitals und des im Schritt 4 errechneten Mischzinssatzes:

$$\text{kalkulatorische Zinsen} = 270.000 * 0{,}028 = 7.560\ €$$

Kalkulatorische Wagniskosten

Die betriebliche Tätigkeit in Sportvereinen ist mit bestimmten Risiken verbunden, die im Hinblick auf ihre Höhe und ihren Zeitpunkt zufällig auftreten können. Diese Risiken können im Rahmen der Kostenrechnung über die sogenannten kalkulatorischen Wagniskosten erfasst werden. Dabei sollen kalkulatorische Wagniskosten nur solche Risiken abdecken, die nicht anderweitig durch eine Versicherung erfasst werden bzw. die durch eine Versicherung gar nicht erfasst werden können (z. B. Streik, Krieg) (siehe Abbildung 13).

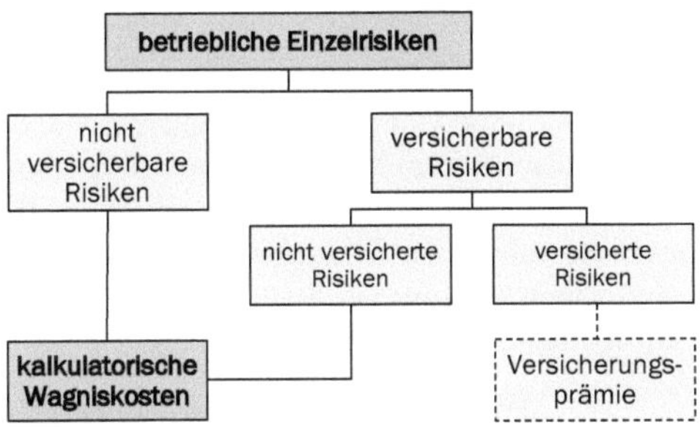

Abbildung 13: Betriebliche Risiken und kalkulatorische Wagniskosten.
Quelle: Manz & Dahmen, 2001, S. 22.

Mit der Erfassung kalkulatorischer Wagniskosten werden die unvorhersehbar und unstetig anfallenden Kosten für unsichere Ereignisse geglättet. Damit sollen eventuelle Schwankungen bei der Ermittlung der Vereinskosten vermieden werden. Die tatsächlich anfallenden Beiträge werden dabei als außerordentlicher Aufwand in der Vereinsbuchführung erfasst und nicht in die Vereinskostenrechnung übernommen (in Anlehnung an Seufert, 1999, S. 119). Da die tatsächliche Entwicklung der Aufwendungen die Grundlage für die Berechnung der Wagniskosten bildet, ist es empfehlenswert, diese auch in die Kalkulation der Entgelte (auch der Mitgliedsbeträge) aufzunehmen.

Grundsätzlich unterscheidet man folgende Arten von Wagnissen (Olfert, 2013, S. 141): Beständewagnis (= Lagerverluste durch Diebstahl, Schwund, Wertverlust wegen technischen Fortschritts usw.), Fertigungswagnis (= etwaige Mehrkosten durch Arbeits- oder Konstruktionsfehler), Vertriebswagnis (= Forderungsausfälle, Währungsverluste), Gewährleistungswagnis (= Kosten für Gewährleistungen wie Ersatzlieferungen, Kulanz usw.), Entwicklungswagnis (= fehlgeschlagene Forschungs- und Entwicklungsarbeiten) und Anlagewagnis (= Ausfälle, Wertminderungen, vorzeitiges Nutzungsende der Anlagengüter).

In Sportvereinen sind vor allem das Anlagewagnis und das Vertriebswagnis von Relevanz:

- Anlagewagnis: Viele Sportvereine besitzen neben den Anlagegütern im administrativen Bereich (Räumlichkeiten der Geschäftsstelle, EDV-Anlagen, Büro-Ausstattung) auch umfassende Sporteinrichtungen (Sporthallen, Schwimmbäder) mit entsprechender Ausstattung. Diese Anlagegüter sind dem Risiko von Brand, Verkürzung der Nutzungsdauer, der Veralterung usw. ausgesetzt.
- Vertriebswagnis bzw. Debitorenwagnis: Die meisten Vereine hatten zumindest einmal das Problem, das einzelne Mitglieder ihre Beiträge nicht gezahlt haben. Für den Ausfall von Forderungen aus Mitgliedsbeiträgen oder auch gegenüber Nichtmitgliedern ist das sogenannte Vertriebswagnis bzw. Debitorenwagnis anzusetzen.

Die Berechnung der kalkulatorischen Wagniskosten erfolgt durch Multiplikation der zweckdienlichen Bezugsbasis der laufenden Periode (z. B. Umsatz im Fall eines Vertriebswagnisses) mit einem Wagnissatz, der aus historischen Erfahrungswerten bzw. Statistiken bekannt ist (Steger, 2010, S. 254). Die Berechnung des Wagnissatzes erfolgt dabei nach folgender Formel:

$$\text{Wagnissatz (\%)} = \frac{\text{Wagnisverluste vergangener Perioden}}{\text{Bezugsgröße}} * 100$$

Fallbeispiel: Ermittlung kalkulatorischer Wagniskosten

Im TuS Musterhausen e.V. konnte anhand von Erfahrungswerten festgestellt werden, dass in den letzten 5 Jahren durchschnittlich 50 von insgesamt 1.000 Mitgliedern ihre jährlichen Beiträge aus unterschiedlichen Gründen nicht zahlen. Dadurch entstehen Verluste, die in der Kostenrechnung berücksichtigt werden sollen. Hierfür wird zunächst der Wagnissatz berechnet:

$$\text{Wagnissatz (\%)} = \frac{50}{1.000} * 100 = 5\ \%$$

Die kalkulatorischen Wagniskosten einer Jahresperiode ergeben sich dadurch, dass der zuvor berechnete Wagnissatz von 5 Prozent mit der Summe der gesamten Mitgliedsbeiträge (100.000 Euro) multipliziert wird.

$$\text{Wagniskosten der Periode} = 0{,}05 * 100.000 = 5.000\ €$$

Kalkulatorische Mietkosten

Eine weitere für Sportvereine relevante kalkulatorische Kostenart ist die kalkulatorische Miete. Diese kann für Grundstücke, Gebäude und Gegenstände berechnet werden, die sich entweder im Eigentum des Vereins befinden oder von natürlichen oder juristischen Personen für Vereinszwecke kostenlos bzw. deutlich unter dem ortsüblichen Marktpreisniveau zur Verfügung gestellt wurden. In der Finanzbuchhaltung ist dafür keine Verbuchung von Aufwendungen zulässig, da der kalkulatorischen Miete kein Zahlungsvorgang zugrunde liegt. Allerdings soll die kalkulatorische Miete nicht angesetzt werden, wenn schon kalkulatorische Abschreibungen, Zinsen und Instandhaltungskosten in Bezug auf dasselbe Objekt erfasst werden, um eine Doppelbelastung zu vermeiden (Olfert, 2013, S. 145; Steger, 2010, S. 256). Unterdessen ist es auch ratsam, die kalkulatorische Miete der Erfassung der kalkulatorischen Abschreibungen und Zinsen vorzuziehen, da dies rechnerisch einfacher und mit weniger Unsicherheiten verbunden ist.

Dabei ist die grundsätzliche Frage, ob kalkulatorische Mietkosten bei NPOs, also auch bei Sportvereinen im Rahmen der Kostenrechnung erfasst werden sollen, umstritten. In erwerbswirtschaftlichen Betrieben wird eine kalkulatorische Miete berücksichtigt, wenn ein Gesellschafter einer Personengesellschaft oder ein Einzelunternehmer dem Betrieb, Räumlichkeiten zur Verfügung stellt, die sich in seinem privaten Besitz befinden. Da aber den NPOs oft kostenfrei oder preiswert Gebäude oder Gegenstände von Dritten überlassen werden, handelt es sich hierbei lediglich *„[...] um einen kostenlosen oder kostengünstigen Ressourcenverbrauch“* (Seufert, 1999, S. 123), so dass hier keine kalkulatorische Miete erfasst werden müsste. Um jedoch den tatsächlichen vereinszweckbezogenen Werteverzehr der Produktionsfaktoren festzustellen und die Wirtschaftlichkeit zu messen, kann eine kalkulatorische Miete auf überlassene Gebäude oder Gegenstände erfasst werden. Aus Opportunitätskostengründen ist auch die Erfassung einer kalkulatorischen Miete bei den Eigentumsobjekten sinnvoll, da ein Sportverein sie alternativ vermieten und die daraus erwirtschafteten Gewinne zur Finanzierung der Vereinsziele einsetzen könnte. Wenn er jedoch auf diese alternative Verwendung verzichtet, entgeht ihm ein Nutzen, der durch den Einsatz der kalkulatorischen Miete berücksichtigt werden könnte.

Es ist jedoch nicht empfehlenswert, die kalkulatorische Miete in die Berechnung der Leistungsentgelte pauschal aufzunehmen. Ihre Berücksichtigung ist vor allem dann gerechtfertigt, wenn eine begründete Unsicherheit über die Möglichkeit einer langfristigen Nutzung der von Dritten kostenfrei bzw. kostengünstig überlassenen Gebäude, Grundstücke und Sportgeräte besteht. In diesem Fall könnte ein Raum, ein Grundstück oder ein Sportgerät gegen Bezahlung durch die Aufstockung des Anteils an pagatorischen Kosten gemietet werden und das Angebot des Sportvereins würde so erhalten bleiben.

Bei der Erfassung bzw. Bewertung der kalkulatorischen Mietkosten orientiert man sich in der Regel an der durchschnittlichen Miete für vergleichbare Räume und Gegenstände. Die durchschnittliche Miete für Vereinsräumlichkeiten kann dabei aus dem Gewerbe-Mietspiegel, der normalerweise von den Stadt- bzw. Kreisverwaltungen erstellt wird, entnommen werden. In Tabelle 6 ist beispielsweise ein Auszug aus dem Gewerberaum-Mietspiegel 2015 der Stadt Regensburg abgebildet.

Büro- und Praxisflächen	**Mindestwert** in EUR pro m²	**Höchstwert** in EUR pro m²	**Mittelwert** in EUR pro m²
in sehr guter Lage	8,00	21,00	14,00
in guter Lage	7,00	21,00	10,00
in mittlerer Lage	6,00	15,00	9,00
in Randlage	6,00	10,50	7,00

Tabelle 6: Auszug aus dem Gewerberaum-Mietspiegel, Stadt Regensburg.
Quelle: Industrie- und Handelskammer zu Regensburg, 2015, S. 10.

Kalkulatorische Personalkosten

Ein weiterer Bestandteil des kalkulatorischen Kostenblocks ist der kalkulatorische Lohn. Dieser kann für das Vereinspersonal erfasst werden, das sich unentgeltlich engagiert oder durch Dritte entlohnt wird (z. B. über Staat, Stiftungen). Auf diese Weise soll der wertmäßige Verzehr der nicht bezahlten Tätigkeiten berücksichtigt und das unentgeltliche Engagement in die Beurteilung der Vereinseffizienz in Bezug auf den Ressourceneinsatz miteinbezogen werden. Darüber hinaus kann eine mengen- und wertmäßige Darstellung der unentgeltlichen Mitarbeit im Verein im Sinne der Eigenmittel bei Beantragung von Subventionen bzw. Fördermitteln eine hohe Bedeutung haben.

Es ist dennoch davor zu warnen, die kalkulatorischen Gehälter bei der Entgeltkalkulation pauschal zu berücksichtigen, da die Mitgliedsbeiträge dadurch stark ansteigen würden. Die Berücksichtigung der kalkulatorischen Kosten bei der Beitragskalkulation kann nur dann als sinnvoll erachtet werden, wenn der Wegfall eines freiwilligen Mitarbeiters kurzfristig absehbar ist und kein unentgeltlicher Ersatz für ihn gefunden werden kann. Dies würde eine Aufstockung des Anteils an (pagatorischen) Kosten ermöglichen, wodurch zum Zeitpunkt des Mitarbeiterausscheidens eine bezahlte Arbeitskraft verpflichtet werden könnte.

Die Erfassung und Bewertung kalkulatorischer Lohnkosten kann in folgenden Schritten erfolgen:

[1] Zuerst müssen die stundenmäßigen Leistungen unbezahlter Mitarbeiter erfasst werden.

[2] Danach ist ein kalkulatorischer Stundensatz für die Berechnung der stundenmäßigen Leistungen festzulegen. Die Höhe des Stundensatzes kann dabei mit Hilfe von durchschnittlichen Gehältern ermittelt werden, die an bezahlte Angestellte in vergleichbarer Position in anderen Betrieben der gleichen Branche gezahlt werden. So könnte sich der in einem Sportverein angesetzte Stundensatz beispielsweise nach einem Betrieb aus dem Sportlermarkt, der ungefähr die gleiche Größe und Beschäftigtenstruktur besitzt, richten (z. B. ein Fitnessstudio).

[3] Die stundenmäßigen Leistungen unbezahlter Mitarbeiter müssen mit dem Stundensatz multipliziert werden.

[4] Weiterhin muss analysiert werden, an welchen Stellen die Berücksichtigung kalkulatorischer Kosten bei der Kalkulation der Vereinsleistungen Sinn ergibt.

[5] Schließlich kann geprüft werden, inwieweit eine effiziente Nutzung ehrenamtlicher bzw. freiwilliger Arbeit im Verein gewährleistet ist.

Kalkulatorische Kostenart	**Erfassung**	**Kalkulation der Beiträge**
Abschreibungen	Ja	Ja, u.a. auf die gespendeten, geschenkten bzw. auf Zeit überlassenen Güter
Wagniskosten	Ja	Ja
Zinskosten	Ja	Ja
Mietkosten	Ja, aber unter der Voraussetzung, dass keine Zinsen und Abschreibungen für das Objekt erfasst werden	Nur im Fall eines absehbaren Wegfalls der Nutzungsmöglichkeit
Lohnkosten	Ja	Nur im Fall eines absehbaren Wegfalls des Mitarbeiters in Verbindung mit dem nicht gegebenen unentgeltlichen Ersatz

Tabelle 7: Kalkulatorische Kosten im Verein – eine Zusammenfassung.
Eigene Darstellung.

Zusammengefasst kann festgehalten werden, dass der Ansatz der kalkulatorischen Kosten im Sportverein zur Vollständigkeit, Genauigkeit und Objektivität bedeutend beiträgt. Die Berücksichtigung dieser Kosten bei der Entgeltkalkulation führt dabei zur langfristigen Existenzsicherung des Vereins. Um einen kostengünstigen Zugang zu Sportmöglichkeiten sicherzustellen, ist es jedoch empfehlenswert, nur Abschreibungen, Wagnis- und Zinskosten in die Kalkulation aufzunehmen und kalkulatorische Miet- und Lohnkosten nur in bestimmten Fällen, wie dies in der Tabelle 7 dargestellt wurde.

4.1.2.4 Dienstleistungskosten

Dienstleistungskosten sind Kosten für alle Dienstleistungen, die der Verein von externen Anbietern bezieht (Steger, 2011, S. 209). Dienstleistungskosten können in der Regel direkt aus der Finanzbuchhaltung übernommen werden. Daher ist ihre Erfassung mit keiner großen Komplexität verbunden.

Der Kostenblock der Dienstleistungskosten kann ein breites Spektrum an Posten im Sportverein umfassen. So fallen Dienstleistungskosten für Miete/Pacht, Versicherung, Werbung, Transport, Fracht, Steuerberatung, Instandhaltung, Wartung sowie GEMA- und Rundfunkgebühren an. Auch Beiträge bzw. Abgaben an Dachorganisationen können unter dieser Kostenartkategorie erfasst werden, denn diese werden als eine Art Gegenleistung für bestimmte Leistungen der Dachorganisationen gezahlt (z. B. Organisation des Ligabetriebs, Lobbyarbeit, Beratung). Weitere Dienstleistungskosten im Verein sind typische, alltäglich anfallende Kosten wie Telefon-/Internetkosten, Portogebühren, Kontoführungsgebühren usw.

Weiterhin könnten Kosten für solche Sachleistungen wie Energie und Wasser ebenso als Dienstleistungskosten bezeichnet werden, obwohl sie streng genommen zu den Werkstoffkosten zu zählen sind (Manz & Dahmen, 2001, S. 21). Ebenso können Honorare an nicht angestellte Trainer und Übungsleiter als Dienstleistungskosten erfasst werden, soweit diese nicht schon unter Personalkosten erfasst wurden.

4.1.3 Kosten nach Einzel- und Gemeinkosten einteilen

Nachdem die Kosten nach Kostenarten gegliedert und in den Kostenartenrahmen eingepflegt wurden, müssen sie zum Zweck der weiteren Verrechnung auf die Kostenträger- bzw. Kostenstellenkonten in Einzelkosten und Gemeinkosten aufgeteilt werden. Die Verrechnung der Einzelkosten erfolgt dabei direkt, indem die Kostenartenkonten entlastet und die Einzelkosten den einzelnen Kostenverursachern verrechnet werden. Die Gemeinkosten werden dagegen zuerst im Rahmen der Kostenstellenrechnung einzelnen Kostenstellen verursachungsgerecht zugeordnet und erst danach auf die Kostenträger übertragen.

4.2 Kostenstellenrechnung

Die zweite Stufe der Kostenrechnung bildet die Kostenstellenrechnung. Hier wird der Frage nachgegangen, wo bzw. an welchen Stellen die Gemeinkosten im Verein anfallen, um diese im weiteren Verlauf über die Kostenstellen auf die Kostenträger zu verteilen. Für die Beantwortung dieser Frage sollen zunächst Kostenstellen gebildet und Kostenstellenarten (Vor- bzw. Endkostenstellen) definiert werden. Danach ist die interne Verrechnung der Gemeinkosten zwischen den liefernden und empfangenden Kostenstellen durchzuführen.

4.2.1 Kostenstellen bilden

Um die Gemeinkostenverrechnung durchzuführen, ist zunächst eine organisatorische Einteilung des Sportvereins in Kostenstellen, auf denen Gemeinkosten gesammelt werden, notwendig. Kostenstellen stellen dabei einzelne betriebliche, rechnungstechnisch eindeutig abgrenzbare Bereiche innerhalb eines Sportvereins dar, für die Kosten gesondert geplant, erfasst und kontrolliert werden können (in Anlehnung an Kalenberg, 2013, S. 71).

Die Bildung von Kostenstellen soll unter der Prämisse der möglichst verursachungsgerechten Zuordnung von Gemeinkosten und damit unter Berücksichtigung folgender Grundsätze vorgenommen werden (in Anlehnung an Haberstock, 2008, S. 104f.; Scherrer, 2005, S. 722):

- *Möglichkeit der Kostenzuordnung*: Um das kostenrechnerische Prinzip der Verursachungsgerechtigkeit möglichst genau zu realisieren, ist es wichtig, dass die im Verein anfallenden Gemeinkosten sich anhand geeigneter Bezugs- bzw. Schlüsselgrößen (z. B. Fläche) möglichst eindeutig auf eine Kostenstelle übertragen lassen.
- *Abgrenzbarer Verantwortungsbereich*: Jede Kostenstelle sollte idealerweise personell von anderen Kostenstellen abgrenzbar sein. Mit anderen Worten sollte eine Kostenstelle unter persönlicher Verantwortung eines Bereichsleiters (Kostenstellenleiters) stehen, der die Kostenstellenkosten beeinflussen kann.
- *Wirtschaftlichkeit*: Die Kostenstellenbildung muss stets unter dem Gesichtspunkt der Wirtschaftlichkeit und Übersichtlichkeit erfolgen.

Die Bildung von Kostenstellen unter Beachtung der oben genannten Grundsätze kann nach unterschiedlichen Gliederungskriterien erfolgen (in Anlehnung an Friedl, 2010, S. 129):

- *Gliederung nach räumlichen Gesichtspunkten und nach Objekten*: Bei diesem Kriterium werden räumlich abgegrenzte Leistungsbereiche oder Objekte als Kostenstellen erfasst. Demgemäß können beispielsweise die Geschäftsstelle, das

Vereinshaus, die Sporthalle oder das Vereinsfahrzeug als Kostenstellen definiert werden. Eine Kostenstellenstruktur, die alleine auf diesem Kriterium basiert, ist jedoch in keinem Verein gegeben. Deswegen müssen auch weitere Kriterien für die Bildung von Kostenstellen herangezogen werden.

- *Gliederung nach Funktions- und Verantwortungsbereichen*: Nach diesem Kriterium werden gleichartige Aufgaben zu einer Kostenstelle zusammengefasst, wobei hier immer ein Kostenstellenverantwortlicher gegeben sein muss. Demnach können solche Funktions- bzw. Verantwortungsbereiche wie Verwaltung, Vorstand, Servicestelle, Marketing/PR und Wartung/Pflege als Kostenstellen festgelegt werden.
- *Gliederung nach Kostenträgergesichtspunkten*: Weitere Kostenstellen können in Sportvereinen nach Gruppen von Leistungen und nach Leistungen selbst gebildet werden. Die unter diesem Gesichtspunkt gebildeten Kostenstellen können beispielsweise Vereinsabteilungen und Sparten (= Leistungsgruppe) oder auch einzelne Mannschaften, Kurse und Projekte sein (= Leistungen), je nachdem welche kostenrechnerische Struktur des Wertschöpfungsprozesses ausgewählt wird.

Die konkrete Kostenstelleneinteilung hängt vor allem von den Gegebenheiten bzw. der Organisationsstruktur des jeweiligen Sportvereins ab und ist daher individuell: So hat beispielsweise ein großer Mehrspartenverein mit einem Clubhaus, Fahrzeug und einer Sporthalle einen komplexeren Kostenstellenaufbau als ein Einspartenverein ohne zusätzliche Einrichtungen. Aus diesem Grund erscheint es auch sinnvoll, die Kostenstelleneinteilung anhand der Organisationsstruktur und der gegebenen Verantwortungsbereiche im Verein abzuleiten (in Anlehnung an Horak, 1995, S. 350). Wichtige Hinweise für die Bildung der Kostenstellen geben Vereinsorganigramme sowie Arbeits- und Stellenverteilungspläne (Schauer, 2008, S. 75).

Darüber hinaus ist anzumerken, dass die Kostenstellenbildung im Verein (insbesondere unter Kostenträgergesichtspunkten) auf mehreren Ebenen stattfinden muss (z. B. Sparte, Abteilung, Mannschaft). Maßgebend für die Anzahl der Kostenstellen und Tiefe der Kostenstellenstruktur ist dabei stets die Nachfrage nach Steuerungsinformationen. Die Einrichtung einzelner Trainingsgruppen innerhalb einer Abteilung als separate Kostenstellen auf zweiter Ebene ist nur dann sinnvoll, wenn mit den daraus gewonnenen Informationen Entscheidungen auf der Ebene der Trainingsgruppen gefällt werden.

4.2.2 Arten der Kostenstellen bestimmen

Sind einzelne Kostenstellen im Sportverein gebildet, müssen diese nach abrechnungstechnischer Art sinnvoll eingeteilt werden, um eine innerbetriebliche Kostenverrechnung zwischen den einzelnen Kostenstellen zu ermöglichen. Nach der Art der Weiterverrechnung wird dabei zwischen Vorkostenstellen und Endkostenstellen unterschieden. Endkostenstellen sind diejenigen Bereiche, die Leistungen für Dritte produzieren und zwischen denen keine Leistungsbeziehungen zu den anderen Kostenstellen bestehen. Die Vorkostenstellen erbringen dagegen ausschließlich interne Leistungen. In diesen werden alle Gemeinkosten erfasst, die für den Verein insgesamt anfallen und keiner Endkostenstelle direkt bzw. eindeutig zurechenbar sind (in Anlehnung an Coenenberg et al., 2009, S. 105f.).

Folgt man nun der dargelegten Definition für Vor- und Endkostenstellen, so ergibt sich folgende Vorgehensweise bei der Gliederung der Kostenstellen nach der Art der Kostenverrechnung: Zunächst werden die Vorkostenstellen des Vereins definiert. Auf den Vorkostenstellen werden Kosten interner Leistungen gesammelt, um diese dann später auf die Endkostenstellen weiter zu verrechnen. Als interne Leistungen gelten dabei jene Ergebnisse des Leistungsprozesses, die vom Sportverein (haupt- wie ehrenamtliche Mitarbeiter) erstellt und verbraucht werden und die nicht an Mitglieder, an die Öffentlichkeit oder an andere Dritte abgegeben werden. Interne Vereinsleistungen werden beispielsweise von solchen Kostenstellen wie Vorstand, Geschäftsführung, Fuhrpark oder Wartung/Pflege usw. erbracht.

Im zweiten Schritt erfolgt die Bildung der Endkostenstellen des Vereins: Da Endkostenstellen Leistungen herstellen, die an Mitglieder, Nichtmitglieder sowie Dritte abgegeben werden, können je nach der Kostenstellenstruktur einzelne Vereinsabteilungen oder Mannschaften/Kurse als Endkostenstellen definiert werden.

Art der Leistungsbeziehung	Beispiele
Vorkostenstelle → Vorkostenstelle(n)	Vereinsbus (VKSt.) wird vom Vorstand (VKSt.) in Anspruch genommen; Vorstandssitzungen (VKSt.) finden im Vereinshaus (VKSt.) statt
Vorkostenstelle → Endkostenstelle(n)	Vereinsbus (VKSt.) wird vom Abteilungsleiter (EKSt.) in Anspruch genommen; abteilungsinterne Sitzungen (EKSt.) finden im Clubhaus (VKSt.) statt
Endkostenstelle ↔ Endkostenstelle(n)	nach Definition sind hier keine innerbetrieblichen Leistungsbeziehungen möglich

Tabelle 8: Arten der innerbetrieblichen Leistungsbeziehung.
Quelle: Eigene Darstellung.

Ergänzend ist anzumerken, dass innerbetriebliche Leistungsbeziehungen nicht nur zwischen Vor- und Endkostenstellen bestehen können, sondern auch zwischen einzelnen Vorkostenstellen. Zwischen Endkostenstellen sind dabei definitionsmäßig keine Leistungsbeziehungen zulässig. In der vorangegangenen Tabelle 8 werden Beispiele für die Arten der innerbetrieblichen Leistungsbeziehung in einem Sportverein aufgeführt.

Eine weitere Einteilung der Kostenstellen kann nach der Art, wie Vereinsleistungen in Verbindung mit dem Abnehmerkreis stehen, vorgenommen werden. Im Hinblick auf dieses Einteilungskriterium kann zwischen Hauptkostenstellen, Nebenkostenstellen, Hilfskostenstellen und verwaltungsbezogenen Kostenstellen unterschieden werden (Schauer, 2008, S. 76).

Hauptkostenstellen umfassen dabei solche Bereiche, die unmittelbar dem Hauptzweck des Vereins dienen (Pflege und Förderung des Sports) und Endprodukte (z. B. Sportkurse, Mannschaftstraining usw.) herstellen. Dabei erfolgt die Gliederung der Hauptkostenstellen im Sportverein gewöhnlich nach den Kostenträgergesichtspunkten, indem beispielsweise einzelne Sportkurse in einer Hauptkostenstelle „Abteilung/Sparte“ zusammengefasst oder als einzelne Hauptkostenstellen (auf zweiter Ebene der Kostenstellenstruktur) definiert werden.

Nebenkostenstellen produzieren ebenso direkt abzugebende Leistungen. Diese Leistungen stellen dabei Nebenprodukte dar, die sich auf Hauptprodukte des Vereins beziehen bzw. darauf basieren. Als Nebenkostenstellen können demnach solche Bereiche definiert werden, die erwerbswirtschaftliche Leistungen erbringen (z. B. Catering in einer Sportanlage, Merchandisingverkauf usw.). Da sowohl Haupt- als auch Nebenkostenstellen Endprodukte herstellen, sind sie zu den Endkostenstellen zu zählen.

Im Gegensatz zu Haupt- und Nebenkostenstellen produzieren Hilfskostenstellen vereinsinterne Leistungen und üben damit eine (interne) Servicefunktion für alle anderen Kostenstellen aus. Zu solchen Kostenstellen sind im Sportverein beispielsweise der Fuhrpark und die Wartungsdienste zu zählen. Verwaltungsbezogene (Hilfs-)Kostenstellen erbringen ebenso interne Leistungen. Diese befassen sich aber speziell mit der Leitung und Verwaltung des Vereins (z. B. Vorstand, Geschäftsführung, Vereinssekretariat, Ausschüsse usw.). Sowohl Hilfskostenstellen als auch verwaltungsbezogene Kostenstellen haben den Charakter von Vorkostenstellen, da sie interne Leistungen herstellen.

In der folgenden Tabelle ist die erläuterte Kostenstellengliederung im Sportverein zusammenfassend abgebildet.

Kostenstellengliederung im Sportverein			
Vorkostenstellen: erbringen interne Leistungen		Endkostenstellen: erbringen externe Leistungen	
Hilfskosten-stellen	verwaltungsbezo-gene Kostenstellen	Haupt-kostenstellen	Neben-kostenstellen
Kostenstellen, die eine interne Service-funktion ausüben (z. B. Wartung, Fuhrpark, Sporthalle)	Kostenstellen, die sich mit Leitung und Verwaltung beschäf-tigen (z. B. Vorstand, Geschäftsstelle, Ausschüsse)	Kostenstellen, die Leistungen erstellen, die dem Vereins-zweck unmittelbar dienen (z. B. Vereins-abteilungen, Kurse)	Kostenstellen, die Leistungen erstellen, die nicht unmittelbar dem Vereinszweck dienen (z. B. Speise-verkauf bei Events)

Tabelle 9: Kostenstellengliederung im Sportverein. Quelle: Eigene Darstellung.

4.2.3 Gemeinkosten verrechnen

Nachdem die Kostenstellen gebildet und Kostenstellenarten definiert sind, müssen die Kosten von den Kostenartenkonten an die Kostenstellen übertragen werden und anschließend im Rahmen der Gemeinkostenverrechnung von den Vorkostenstellen mit Hilfe von bestimmten Schlüsselgrößen auf Endkostenstellen verteilt werden. Im Folgenden wird das Verfahren der Gemeinkostenverrechnung beschrieben und eine Übersicht über die möglichen Kostenschlüssel gegeben. Am Ende dieses Abschnitts wird die Gemeinkostenverrechnung an einem vereinsbezogenen Fallbeispiel verdeutlicht.

4.2.3.1 Allgemeiner Ablauf

Das zentrale Werkzeug der Gemeinkostenverrechnung bildet der sogenannte Betriebsabrechnungsbogen (BAB) (siehe Abbildung 14). Der BAB stellt eine Kostenkontrollrechnung in tabellarischer Form dar und dient primär dazu, bestimmte Kostenarten, in erster Linie die Gemeinkosten, über die Kostenbereiche auf die einzelnen Kostenstellen zu verteilen. Entsprechend dieser Aufgabe ist der BAB nach Kostenarten (Zeilen) und Kostenstellen (Spalten) gegliedert.

Beim Aufstellen des Betriebsabrechnungsbogens ist es möglich, Kostenstellen zu teilen oder zusammenzufassen. Es ist jedoch darauf zu achten, dass es dadurch nicht zur Überschneidung von Kostenstellen kommt. Entscheidend für den jeweiligen Aufbau bzw. den Detaillierungsgrad des Betriebsabrechnungsbogens in Bezug auf die Anzahl der Kostenstellen sowie die Anzahl der Kostenstellenebenen ist, wie bereits erwähnt, der Bedarf nach steuerungsrelevanten Informationen.

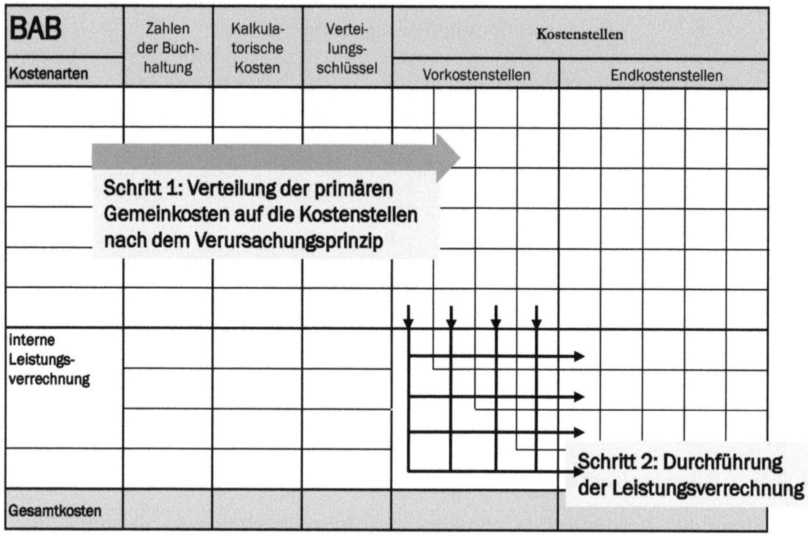

Abbildung 14: Kostenverrechnung mit Betriebsabrechnungsbogen.
Quelle: Eigene Darstellung.

Der Ablauf der Gemeinkostenverrechnung zwischen den Kostenstellen wird in die zwei folgenden Schritte gegliedert (siehe Abbildung 14):

[1] **Verrechnung der Gemeinkosten an die Kostenstellen**

Im ersten Schritt sollen Gemeinkosten von den Kostenarten zu den Kostenstellen übertragen werden. Diese (primären) Gemeinkosten werden direkt beispielsweise anhand von Belegen nach dem Verursachungsprinzip einer Kostenstelle zugeordnet. Mit anderen Worten werden sie auf diejenigen Kostenstellen übertragen, in denen sie auch angefallen sind. Nachdem die primären Kosten verteilt sind, muss die Zwischensumme für jede Kostenstelle ermittelt werden.

[2] **Durchführung der Gemeinkostenverrechnung**

Im zweiten Schritt werden alle auf den Kostenstellen gesammelten Gemeinkosten unter Verwendung von möglichst verursachungsgerechten Kostenschlüsseln auf die Endkostenstellen weiterverrechnet. Dabei sollen die Leistungsbeziehungen auch unter den einzelnen Vorkostenstellen des Vereins berücksichtigt werden, indem Kosten zwischen den leistenden und empfangenden Vorkostenstellen verrechnet werden. Im Rahmen der Vollkostenrechnung wird dabei gefordert, dass am Schluss der Gemeinkostenverrechnung sämtliche Kosten der

Vorkostenstellen komplett auf die Endkostenstellen verrechnet worden sein müssen.

4.2.3.2 Kostenschlüssel

Für die Umlage der Gemeinkosten zwischen den Kostenstellen müssen die entsprechenden Kostenschlüssel festgelegt werden. Sie dienen als Bezugsgröße für die Verrechnung der Kosten und sollen daher die Kostenverursachung im Verein möglichst realitätsnah und linear reflektieren. Kostenschlüssel können nach der Leistungseinheit (Mengenschlüssel) bzw. nach der Inanspruchnahme (Zeitschlüssel) berechnet werden. Dabei kann bei Mengenschlüsseln zwischen Raum-, Längen-, Zähl- und Verbrauchsgrößen unterschieden werden (siehe Tabelle 10) (Coenenberg et al., 2009, S. 118ff.).

Kostenschlüssel im Sportverein				
Mengenschlüssel				Zeitschlüssel
Raumgrößen	Längengrößen	Zählgrößen	Verbrauchsgrößen	Zeitgrößen
z. B. Mietkosten nach m^2 (Sportplätze, Sporthalle, Vereinshaus)	z. B. Inanspruchnahme der Vereinsfahrzeuge nach gefahrener Kilometerzahl	z. B. Verwaltungskosten nach der Fallzahl oder Anzahl der Mitglieder	z. B. Energiekosten nach verbrauchten kWh, Wasserkosten nach m^3	z. B. Raumkosten nach Kursdauer, Personalkosten nach Arbeitsstunden

Tabelle 10: Kostenschlüsselkategorien im Sportverein.
Quelle: Eigene Darstellung in Anlehnung an Coenenberg et al., 2009, S. 118ff.

Die Berechnung des Kostenschlüssels für eine Kostenstelle erfolgt nach der folgenden Formel:

$$Kostenschlüssel = \frac{Gesamtkosten\ der\ KSt.}{Gesamtleistung\ der\ KSt.}$$

Dabei ist zu unterstreichen, dass die interne Leistungserbringung keine konstante Größe darstellt. Daher sollen die Kostenschlüssel stets an neue Erkenntnisse angepasst und laufend nachkalkuliert werden. Beim Aufstellen der Kostenschlüssel können auch Gewichtungen vorgenommen werden. Beispielsweise kann bei der Verteilung der Reinigungskosten einer Sportstätte neben der Fläche auch der Verschmutzungsgrad herangezogen werden (in Anlehnung an Schuster, 2011, S. 139).

Die Umlage über Kostenschlüssel ist dabei nicht immer frei von Kritik. So kann der Grundsatz der eindeutigen Zurechenbarkeit bei bestimmten Kostenstellen nur schwer erfüllt werden. Zu solchen „problematischen" Kostenstellen im Verein sind vor allem die Führungsorgane (z. B. Geschäftsführung, Vorstand, Mitgliederversammlung usw.) und der administrative Bereich (Mitgliederverwaltung, Geschäftsstelle) zu zählen. Für diese Kostenstellen fällt es schwer, einen geeigneten Kostenschlüssel als realistische Maßgröße der Kostenverursachung zu definieren, damit die interne Leistungsverrechnung exakt und kostengerecht erfolgt. Zur Lösung dieses Problems wird vorgeschlagen, die durchschnittliche Mitglieder-/Teilnehmerzahl als Kostenschlüssel für die Verrechnung der Führungs- und Verwaltungskosten zu verwenden (Wadsack & Lienig, 2001, S. 209). Demnach werden die relevanten Kosten auf die entsprechenden Kostenstellen verteilt und dann gemäß der Mitglieder-/Teilnehmerzahl auf die einzelnen Abteilungen, Sportkurse bzw. Trainingsgruppen verrechnet. Die durchschnittliche Mitglieder-/Teilnehmerzahl stellt grundsätzlich einen plausiblen Kostenschlüssel zur Zuordnung der Gemeinkosten auf die Kostenstellen nach dem Proportionalitätsprinzip dar. Trotzdem muss angemerkt werden, dass damit die Wirklichkeit nur näherungsweise verursachungsgerecht abgebildet werden kann. Verursachungsgerechter wäre hier beispielsweise eine Umlage nach Zeitaufwand, was sich jedoch rechnungstechnisch kaum realisieren lässt.

4.2.3.3 Fallbeispiel zur Gemeinkostenverrechnung

In diesem Abschnitt wird die Gemeinkostenumlage im Rahmen der Kostenstellenrechnung beschrieben und an einem vereinfachten vereinsbezogenen Beispiel verdeutlicht.

> Der TuS Musterhausen e.V. ist ein Verein mit 200 Mitgliedern in drei Abteilungen (Abteilung 1: 100 Mitglieder; Abteilung 2: 70 Mitglieder; Abteilung 3: 30 Mitglieder). Dem Verein gehört eine Sporthalle, die im Abrechnungsjahr von allen drei Abteilungen insgesamt mit 1.600 Stunden genutzt wurde (Abteilung 1: 800 Std.; Abteilung 2: 600 Std., Abteilung 3: 200 Std.), wobei die einzelnen Kurse/Trainingseinheiten nicht gleichzeitig stattfinden. Der Verein besitzt auch einen Kleinbus, der von den einzelnen Abteilungen für Fahrten zu den Wettbewerben in Anspruch genommen wird (Abteilung 1: 3.000 km, Abteilung 2: 1.000 km, Abteilung 3: 1.000 km). Auch die Verwaltung (500 km) und der Vorstand (500 km) nutzen den Bus in einzelnen Fällen im Rahmen ihrer Vereinstätigkeit. Insgesamt ist der Vereinsbus im Abrechnungsjahr 6.000 km gefahren worden.

Gemäß dieser Ausgangsdaten ergeben sich folgende Kostenstellen, die nach dem Abschluss der Verrechnung primärer Gemeinkosten bereits mit den entsprechenden Kosten versehen wurden.

Kostenstellen im TuS Musterhausen e.V.			
Vorkostenstellen (VKSt.)		Endkostenstellen (EKSt.)	
Vereinshalle (VKSt.1)	40.000 €	Abteilung 1 (EKSt.1):	1.700 €
Vereinsbus (VKSt.2)	6.000 €	Abteilung 2 (EKSt.2):	1.500 €
Verwaltung (VKSt.3)	12.000 €	Abteilung 3 (EKSt.3):	2.000 €
Vorstand (VKSt.4)	3.000 €		

Nun besteht die Aufgabe darin, die Kosten der Vorkostenstellen auf die Endkostenstellen zu verrechnen. Entsprechend den Ausgangsdaten steht jede Vorkostenstelle mit allen Endkostenstellen in einer Leistungsbeziehung. Darüber hinaus haben auch einige Vorkostenstellen ein Leistungsverhältnis zueinander: So liefert die Vorkostenstelle „Vereinsbus" Leistungen an die Vorkostenstellen „Verwaltung" und „Vorstand". Um eine möglichst verursachungsgerechte Verteilung der Kosten zu erreichen, sollte dabei die Verrechnung mit der Kostenstelle beginnen, die lediglich Leistungen an andere Kostenstellen abgibt und nach Möglichkeit keine Leistungen von anderen Kostenstellen empfängt.

Bei den Vorkostenstellen „Vereinshalle" und „Vereinsbus" ist die verursachungsgerechte Kostenverrechnung nach eindeutigen Kostenschlüsseln möglich. So können die Kosten der Vorkostenstelle „Vereinsbus" nach gefahrenen Kilometern verteilt werden. Der entsprechende Kostenschlüssel ergibt sich, indem die Gesamtkosten der Kostenstelle in Höhe von 6.000 Euro durch ihre Gesamtleistung, also die Gesamtkilometerzahl, geteilt werden:

$$q_{\text{Umlage(VKSt.2)}} = \frac{6.000\ €}{6.000\ \text{km}} = 1{,}00\ €\ \text{pro km}$$

Die Umlage der Kosten von der Vorkostenstelle „Vereinshalle" erfolgt nach dem Schlüssel, der berechnet wird, wie folgt:

$$q_{\text{Umlage (VKSt.1)}} = \frac{40.000\ €}{1.600\ \text{Std.}} = 25{,}00\ €\ \text{pro Std.}$$

Bei solchen Kostenstellen wie „Vorstand" und „Verwaltung" ist, wie bereits erläutert, eine Verrechnung nach Leistungseinheiten bzw. zeitlicher Inanspruchnahme nur schwer realisierbar. Deswegen können für die Verrechnung der Verwaltungs- und Führungskosten die Kosten pro Mitglied als Kostenschlüssel gemäß des Proportionalitätsprinzips verwendet werden. Die Gesamtkosten dieser Kostenstelle ergeben sich dabei aus der Summe ihrer primären Kosten (12.000 Euro und 3.000 Euro) und der Kosten, die durch die Leistungsbeziehung zur Vorkostenstelle „Vereinsbus" entstanden sind (jeweils 500 Euro).

$$q_{\text{Umlage (VKSt.3)}} = \frac{12.500\ €}{200} = 62{,}50\ €\ \text{pro Mitglied}$$

$$q_{\text{Umlage (VKSt.4)}} = \frac{3.500\,€}{200} = 17{,}50\,€ \text{ pro Mitglied}$$

Entsprechend den zuvor errechneten Kostenschlüsseln kann nun die Umlage der Kosten von den Vorkostenstellen auf die Endkostenstellen erfolgen. Der auf eine Endkostenstelle entfallende Anteil der Gemeinkosten einer Vorkostenstelle ergibt sich durch die Multiplikation des Kostenschlüssels mit der Anzahl der für diese Endkostenstelle erbrachten Leistungen. Die Kostenumlage für die Abteilung 1 kann beispielsweise wie folgt durchgeführt werden:

$$\begin{aligned} GK_{\text{sek.}} &= \text{Umlage (VKSt. 1)} + \text{Umlage (VKSt. 2)} + \text{Umlage (VKSt. 3)} + \text{Umlage (VKSt. 4)} \\ &= 25\,€ \times 800 + 1\,€ \times 3.000 + 62{,}5\,€ \times 100 + 17{,}5\,€ \times 100 \\ &= 31.000\,€ \end{aligned}$$

Sind die sekundären Gemeinkosten der Abteilung 1 ermittelt, können diese nun mit den primären Gemeinkosten in Höhe von 1.700 Euro summiert werden:

$$GK_{\text{Gesamt}} = GK_{\text{prim.}} + GK_{\text{sek.}} = 1.700\,€ + 31.000\,€ = 32.700\,€$$

Das Ergebnis der Kostenumlage für Abteilung 2 (EKSt.2) und Abteilung 3 (EKSt.3) kann der Tabelle 11 auf der folgenden Seite entnommen werden.

Einen Sonderfall bei der Umlage der Gemeinkosten stellt eine wechselseitige Beziehung zwischen den Vorkostenstellen dar. Damit eine verursachungsgerechte Weiterverrechnung der Kosten gewährleistet ist, müssen bei der Gemeinkostenverrechnung beide Beziehungsrichtungen berücksichtigt werden. Um dies zu gewährleisten und die Kostenschlüssel zu berechnen, muss ein System linearer Gleichungen aufgestellt werden:

$$\begin{cases} m_1 * q_1 = K_{p1} + L_{21} * q_2 \\ m_2 * q_2 = K_{p2} + L_{12} * q_1 \end{cases}$$

m_1 = Leistungseinheiten der Kostenstelle 1;
m_2 = Leistungseinheiten der Kostenstelle 2;

q_1 = Kostensatz pro Leistungseinheit der Kostenstelle 1;
q_2 = Kostensatz pro Leistungseinheit der Kostenstelle 2;

K_{p1} = (Primär-)Kosten der Kostenstelle 1;
K_{p2} = (Primär-)Kosten der Kostenstelle 2;

L_{12} = Leistung der Kostenstellen 1 an Kostenstelle 2;
L_{21} = Leistung der Kostenstellen 2 an Kostenstelle 1.

Angaben in € p.a.	Summe	Schlüssel	Vorkostenstellen				Endkostenstellen		
			Vereinshalle	Vereinsbus	Verwaltung	Vorstand	Abt.1	Abt.2	Abt.3
			VKSt.1	VKSt.2	VKSt.3	VKSt.4	EKSt.1	EKSt.2	EKSt.3
Primäre Gemeinkosten (€)	66.200,00 €		40.000,00 €	6.000,00 €	12.000,00 €	3.000,00 €	1.700,00 €	1.500,00 €	2.000,00 €
Umlage Vereinshalle VKSt.1 (€)	40.000,00 €						20.000,00 €	15.000,00 €	5.000,00 €
Inanspruchnahme (Berechnung pro Std.)	1.600	25,00					800	600	200
Umlage Vereinsbus VKSt.2 (€)	6.000,00 €				500,00 €	500,00 €	3.000,00 €	1.000,00 €	1.000,00 €
Inanspruchnahme (in km)	6.000	1,00			500	500	3.000	1.000	1.000
Umlage Verwaltung VKSt.3 (€)	12.000,00 €						6.250,00 €	4.375,00 €	1.875,00 €
Inanspruchnahme (pro Mitglied)	200	62,50					100	70	30
Umlage Vorstand VKSt.4 (€)	3.000,00 €						1.750,00 €	1.225,00 €	525,00 €
Inanspruchnahme (pro Mitglied)	200	17,50					100	70	30
Summe Kostenträger (€)	66.200,00 €						32.700,00 €	23.100,00 €	10.400,00 €

Tabelle 11: Fallbeispiel für die Umlage der Gemeinkosten im Sportverein. Quelle: Eigene Darstellung.

Das Prinzip der gegenseitigen Kostenverrechnung mit Hilfe von linearen Gleichungen soll anhand dieses einfachen Beispiels verdeutlicht werden: Die Fahrzeugkostenstelle (VKSt.1) weist insgesamt 5.000 gefahrene Kilometer auf. Dafür hat sie 5.000 Euro an Kosten verbraucht und 50 Arbeitsstunden der Kostenstelle „Wartung/Pflege" in Anspruch genommen. Die Kostenstelle „Wartung/ Pflege" (VKSt.2) weist dabei insgesamt 410 Arbeitsstunden auf. Dafür sind Kosten in Höhe von 15.000 Euro entstanden. Darüber hinaus nahm die Kostenstelle „Wartung/Pflege" (VKSt.2) Leistungen der Fahrzeugkostenstelle im Umfang von 1.000 Kilometern in Anspruch.

Mit den gegebenen Daten soll nun ein Gleichungssystem aufgestellt werden, das die wechselseitige Leistungsbeziehung zwischen den Vorkostenstellen exakt abbildet. In der Gleichung links wird aus mathematischer Sicht die Gesamtleistung der Vorkostenstelle abgetragen und rechts all das, was dafür aufgewendet werden musste:

$$\text{VKSt. 1: } 5.000 \text{ km} * q_1 = 5.000 \text{ €} + 50 \text{ Std.} * q_2$$

$$\text{VKSt. 2: } 410 \text{ Std.} * q_2 = 15.000 \text{ €} + 1.000 \text{ km} * q_1$$

Wenn man nun die beiden Gleichungen auflöst, ergibt sich ein Verrechnungssatz von 40 Euro pro Arbeitsstunde für die Kostenstelle „Wartung/Pflege" und 1,40 Euro für einen gefahrenen Kilometer der Fahrzeugkostenstelle.

4.3 Kostenträgerrechnung im Sportverein

Die Kostenträgerrechnung geht der Frage nach, was Kostenträger im Verein gekostet haben. Die Kostenträgerrechnung kann im Verein mehrere Aufgaben erfüllen: Zum einen dient sie der Informationsgewinnung, indem mit ihrer Hilfe die Produktionskosten der einzelnen Vereinsleistungen ermittelt werden können. Mit diesen Daten kann die Wirtschaftlichkeit sowohl einzelner Angebote und Produktionsbereiche (Abteilungen/Sparten) als auch des gesamten Vereins überprüft werden. Zum anderen spielt die Kostenträgerrechnung in der Kalkulation der Leistungsentgelte (Mitgliedsbeiträge, Gebühren für Nichtmitglieder usw.) eine entscheidende Rolle, indem sie richtungsweisende Werte für Beitrags- bzw. Entgeltuntergrenzen vorgibt.

In diesem Abschnitt wird zunächst erläutert, was Kostenträger sind und welche Kostenträgerarten im Sportverein existieren. Dann wird aufgezeigt, wie die Gesamtkosten der Kostenträger berechnet werden können. Anschließend wird auf die Problematik der Stückkostenberechnung im Vereinskontext eingegangen. Zum Schluss findet eine Auseinandersetzung mit dem Verfahren der Kostenträgerzeitrechnung statt, mit dem der kurzfristige Vereinserfolg ermittelt werden kann.

4.3.1 Kostenträger bilden

Eine wichtige Voraussetzung für den Aufbau der gesamten Kostenrechnung im Verein stellt die Definition der Kostenträger dar. So kann beispielsweise die grundlegende Gliederung nach Einzel- und Gemeinkosten im Rahmen der Kostenartenrechnung nur dann gelingen, wenn vorher bekannt ist, welche Kostenträger vorliegen. Mit dem Begriff „Kostenträger“ werden dabei externe und interne Vereinsleistungen bezeichnet. Aufgrund ihrer weitgehenden Heterogenität können dies Dienstleistungen, Produkte, Projekte, Aktivitäten oder auch Leistungsbereiche sein (siehe Tabelle 12). Je nach kostenrechnerischem Konzept können auch allgemeine Verwaltungskosten oder Kosten der Führungsorgane auf eigens angelegten Kostenträgern erfasst werden, um das Problem der Gemeinkostenverrechnung zu umgehen (hierzu mehr Grünig & Fillinger, 1996, S. 171f.).

Kostenträger	Beispiel
Dienstleistung	Sportkurse, Trainingsgruppen usw.
Produkt (Sachgut)	Merchandising(-Artikel), Sportartikel
Projekt	Austragung einer Veranstaltung
Partner/Kunde	Einrichtung, für die eine konkrete Leistung hergestellt wird (z. B. Betriebssport)
Aktivität	Geselligkeitsaktivitäten
Bereich/Abteilung/Sparte	Fundraising, Tennis-Abteilung

Tabelle 12: Mögliche Kostenträger in einem Sportverein. Quelle: Eigene Darstellung.

Für viele Sportvereine stellt die Identifikation von Kostenträgern eine große Herausforderung dar. Im Hinblick darauf kann empfohlen werden, sich dabei an dem Leistungsangebot des Vereins zu orientieren. Wenn aber das Leistungsangebot zu allgemein formuliert wird (z. B. als pauschale Mitgliedschaft im Verein), ist es sinnvoll, seinen Detaillierungsgrad zu erhöhen, damit jedem Kostenträger eine bestimmte Leistung und entsprechende Erlöse zugeordnet werden können. Es muss beachtet werden, dass mit dem Detaillierungsgrad bei der Festlegung der Kostenträger das Ausmaß an bereitgestellten Informationen und somit auch die Steuerungsmöglichkeiten positiv korrelieren. Allerdings steigt damit auch der entsprechende Aufwand an. Aus diesem Grund ist für die Festlegung der Kostenträger neben der Steuerungsrelevanz auch ein adäquater Aufwand der Kostenrechnung von Bedeutung.

In Sportvereinen kann zwischen Haupt-, Neben- und Hilfskostenträgern unterschieden werden:

- Hauptkostenträger stellen Leistungen dar, deren Erstellung dem eigentlichen Vereinszweck entspricht. So sind beispielsweise Trainings-/Übungsangebote als klassische Hauptkostenträger zu betrachten, da diese sich an die Vereinsmitglieder richten und dem primären Vereinszweck dienen. Dabei lässt sich feststellen, dass viele Hauptkostenträger der Sportvereine gleichzeitig aus mehreren Leistungen zusammengesetzt werden können (z. B. Training und Wettbewerbsteilnahme) und somit ein Leistungsbündel darstellen. Wenn es dabei aus Steuerungsinteressen und aufwandstechnisch sinnvoll erscheint, können unter Umständen auch einzelne Leistungsbestandteile als Kostenträger definiert werden.
- Nebenkostenträger sind solche Leistungen, die zwar ebenso an Dritte abgegeben werden, die aber eine Ergänzung zum Kernprodukt des Sportvereins darstellen. So können als Nebenkostenträger Bewirtungs- oder Merchandisingleistungen definiert werden.
- Hilfskostenträger (auch Gemeinkostenträger genannt) sind solche Kostenträger, auf denen Kosten für innerbetriebliche Leistungen gesammelt werden können. Somit werden Leistungen der Hilfskostenträger im Innenverhältnis abgegeben, was unter Umständen für die Herstellung von Haupt- und Nebenkostenträgern notwendig sein kann. Da ein Hilfskostenträger nicht direkt an Dritte abgegeben wird, hat er einen rein fiktiven Charakter und wird lediglich zu Berechnungszwecken eingesetzt. Auf einem Hilfskostenträger können je nach kostenrechnerischem Konzept beispielsweise allgemeine Abteilungskosten gesammelt werden. Diese entstehen in einer Abteilung, können aber keinem der Kurse bzw. keiner der Mannschaften direkt zugeordnet werden. Hierunter fallen in der Regel Führungs- bzw. Steuerungskosten wie ein Aufwendungsersatz für den Abteilungsleiter (Fahrtkosten, Reisekosten, Kosten für Telefon, Porto usw.).

4.3.2 Kostenträgerkosten berechnen

Um die Kosten der einzelnen Kostenträger zu berechnen, müssen die Einzelkosten aus der Kostenartenrechnung und die Gemeinkosten aus der Kostenstellenrechnung auf die einzelnen Kostenträger übertragen werden. Wenn die Einzelkosten der Kostenträger bereits bekannt sind, müssen noch die Gemeinkosten auf Kostenträger verrechnet werden. Dafür schlägt die tradierte, industriebezogene Kostenrechnung spezielle Kalkulationsverfahren vor, die auch in vielen NPOs ihre Anwendung finden:

- Divisionskalkulation: Kosten werden durch die Anzahl der Kostenträger dividiert;

- Äquivalenzziffernkalkulation: Kosten werden nach bestimmten Verhältniszahlen (Äquivalenzzahlen) verteilt;
- Zuschlagskalkulation: Kosten werden mit Hilfe von Gemeinkostenzuschlagssätzen auf die Kostenträger übertragen.

Der Vorteil dieser Verfahren besteht in der Erleichterung des Berechnungsvorgangs, da sonst die Kostenverrechnung auf einen Kostenträger für jeden Einzelfall speziell erfolgen müsste. Die Anwendung dieser Kalkulationsverfahren im Kontext der Vereinskostenrechnung ist jedoch nur in einzelnen Fällen sinnvoll: So kann bei identischen Vereinsangeboten die Divisionskalkulation und bei verwandten Vereinsangeboten[4] die Äquivalenzziffernkalkulation angewandt werden (hierzu mehr Daumann & Esipovich, 2015, S. 128ff.). Wenn es sich um Leistungen mit unterschiedlichem Produktionsfaktoreinsatz handelt, ist aber die Kostenträgerrechnung mit den Kalkulationsverfahren nicht umsetzbar. In solchen Fällen müssten die Gemeinkosten (z. B. Kosten der Tennis-Abteilung) auf die Kostenträger (z. B. Tennistrainingsgruppe für Damen, Tennistrainingsgruppe für Herren, Tennis-Camp) mit Hilfe von Kostenschlüsseln (siehe Kapitel 4.2.3.2) äquivalent zur Kostenstellenrechnung übertragen werden, was jedoch rechnerisch einen doppelten Aufwand verursacht.

Um diese zusätzliche Verrechnung der Gemeinkosten von Endkostenstellen auf (heterogene) Kostenträger zu umgehen, empfiehlt es sich, die entsprechenden Kostenträger identisch zu den Endkostenstellen in der Kostenrechnungsstruktur des Vereins zu definieren. Dadurch werden die Kostenträger indirekt in den Betriebsabrechnungsbogen mitintegriert. Auf diese Weise können Gemeinkosten einer Endkostenstelle zu 100 Prozent einem Kostenträger zugerechnet werden, was den Rechenvorgang im Rahmen der Kostenträgerrechnung enorm erleichtert. Diese Vorgehensweise ist vor allem bei solchen Verrechnungsobjekten wie Abteilungen, Mannschaften, Trainingsgruppen oder Kursen möglich und sinnvoll.

4.3.3 Kosten je Einheit ermitteln (Kostenträgerstückrechnung)

Nachdem die gesamten Kostenträgerkosten über die Addition der Einzel- und Gemeinkosten ermittelt wurden, stellt sich die Frage, wie hoch die Stückkosten einer Vereinsleistung sind. Als Stückkosten werden dabei solche Kosten bezeichnet, die pro Leistungseinheit entstehen. Demzufolge ergeben sich die Stückkosten aus der Division der Gesamtkosten einer Vereinsleistung durch die Leistungsmenge x (z. B. Anzahl der Sportkurse/der Trainingseinheiten).

[4] Als solche gelten Leistungen, die zwar hinsichtlich der Produktionsfaktoren gleichartig sind, aber nicht gleiche Kosten verursachen.

Das Problem bei der Stückkostenberechnung im Kontext der Sportvereine besteht jedoch darin, dass viele Angebote ein Leistungsbündel darstellen (z. B. wöchentliches Training verbunden mit der Möglichkeit einer Wettkampfteilnahme und Teilnahme an geselligen Veranstaltungen). Bei solchen Kostenträgern gibt es kein eindeutiges Zurechnungsobjekt: Soll beispielsweise die Anzahl der Trainingseinheiten oder der Wettkämpfe als Basis für die Stückkostenberechnung gewählt werden? Aus diesem Grund muss bei einem derartigen Produkt-Mix auf die Stückkostenrechnung verzichtet werden, wobei die Kostenträgerrechnung nur als zeitbezogene Rechnung durchzuführen ist (Gesamtkosten pro Periode). Stellt aber ein Kostenträger eine einheitliche Leistung dar (z. B. wöchentlicher Yoga-Kurs ohne Zusatzleistungen), können seine Stückkosten im Rahmen der Vollkostenrechnung unkompliziert ermittelt werden, indem beispielsweise die entsprechenden Jahresgesamtkosten durch die Anzahl der im Jahr durchgeführten Kurse dividiert werden.

Ergänzend dazu ist auch anzumerken, dass die Stückkostenrechnung für die Kalkulation der Mitgliederbeiträge von geringer Bedeutung ist, weil diese nicht nach absolvierten Übungs- oder Trainingseinheiten, sondern nach bestimmten Perioden erhoben werden (z. B. pro Jahr, Halbjahr, Quartal).

4.3.4 Vereinserfolg ermitteln (Kostenträgerzeitrechnung)

Eine weitere Aufgabe der Kostenträgerrechnung besteht in der Ermittlung des kurzfristigen Vereinserfolgs. Mit dieser Aufgabe beschäftigt sich die sogenannte Kostenträgerzeitrechnung, in der die Kosten der Periode nach Kostenträgern gegliedert und dann den Erlösen dieser Periode gegenübergestellt werden. Auf diese Weise kann der kurzfristige Erfolg einzelner Vereinsangebote, Abteilungen und des gesamten Vereins ermittelt werden, was auch wichtige Hinweise in Bezug auf die Entgeltgestaltung gibt. Die Kostenträgerzeitrechnung erfolgt dabei nach kontenmäßiger Darstellung wie folgt:

<table>
<tr><th colspan="2">Vereinsergebnis</th></tr>
<tr><td>Kosten der Periode
(nach Leistungsarten)</td><td>direkte Erlöse der Periode
(nach Leistungsarten)
indirekte Erlöse der Periode</td></tr>
<tr><td>Gewinn</td><td>Verlust</td></tr>
</table>

Tabelle 13: Ergebnisberechnung im Sportverein. Quelle: Eigene Darstellung.

Bei der Kostenträgerzeitrechnung muss beachtet werden, dass Erlöse in einem Verein aus verschiedenen Quellen stammen und nicht immer einer konkreten

Leistung zugeordnet werden können. So gibt es direkte und indirekte Erlöse. Der Unterschied zwischen den beiden Erlösarten besteht darin, dass direkte Erlöse einem Kostenträger direkt zugeordnet werden können (z. B. Mitgliedsbeitrag, Kursgebühr) und indirekte Erlöse nicht (allgemeine Subventionen, Spenden usw.) (in Anlehnung an Horak, 1995, S. 353).

Die Vorgehensweise bei der Ermittlung des kurzfristigen Erfolgs im Rahmen der Kostenträgerzeitrechnung soll für Sportvereine anhand des folgenden Fallbeispiels näher erläutert werden.

Fallbeispiel: Ermittlung des kurzfristigen Betriebserfolgs

Der TuS Musterhausen e.V. bietet drei unterschiedliche Trainingsangebote (ohne Wettkampfteilnahme und Zusatzangebote) an. Es soll der Vereinserfolg im Kalenderjahr 2015 ermittelt werden, wobei folgende Daten in Bezug auf dieses Kalenderjahr gegeben sind:

	Angebot A	Angebot B	Angebot C
Mitgliedsbeitrag pro Jahr und Angebot	360 €	420 €	300 €
Kosten pro Kurseinheit	180 €	160 €	150 €
Anzahl der Kurse pro Jahr	50 Kurse	60 Kurse	40 Kurse
Teilnehmerzahl	15 Teilnehmer	20 Teilnehmer	25 Teilnehmer
indirekte Erlöse im Jahr (z. B. aus Spenden, Subventionen)	4.100 €		

Nach der Berechnung der Gesamtkosten und der Umsatzerlöse aus den Mitgliedsbeiträgen und anderen Quellen ergibt sich folgendes Ergebniskonto:

Vereinsergebnis			
Gesamtkosten pro Jahr:		direkte Erlöse pro Jahr:	
Angebot A:	9.000 €	Angebot A:	5.400 €
Angebot B:	9.600 €	Angebot B:	8.400 €
Angebot C:	6.000 €	Angebot C:	7.500 €
		indirekte Erlöse pro Jahr:	4.100 €
			Gewinn: 800 €

Wie man auf einen Blick erkennen kann, bringt Angebot A dem Verein einen Verlust in Höhe von 3.600 Euro und Angebot B 1.200 Euro im Jahr. Diese Verluste können dabei aus dem Gewinn beim Angebot C und aus indirekten Erlösen vollständig gedeckt werden. Als Ergebnis der kurzfristigen Erfolgsrechnung hat der Verein einen Jahresgewinn von 800 Euro.

4.4 Auswertung der Vollkostenrechnung

Die Erfassung der Kosten und ihre Zuordnung zu Kostenarten, Kostenstellen und Kostenträgern ermöglichen einen umfassenden Überblick über die Kosten eines Vereins. Dabei können die mit der Kostenrechnung gewonnenen Daten nicht nur als Ansatz für die Festlegung der Beiträge und Entgelte benutzt werden: Auch für die Kostensteuerung und -kontrolle im Sportverein sind sie von großer Relevanz. Um die kostenrechnerischen Daten für die entsprechenden Steuerungsentscheidungen nutzen zu können, müssen sie aber zunächst unter Wirtschaftlichkeitsgesichtspunkten ausgewertet werden, indem interne und externe Kostenvergleiche durchgeführt werden.

Ein vereinsinterner Vergleich kann dabei periodenweise erfolgen, indem entweder die angefallenen Kosten einer Periode mit den entsprechenden Kosten anderer Perioden (= Zeitvergleich) verglichen werden oder indem der sogenannte Soll-Ist-Vergleich unter der Vorgabe von Soll-Werten durchgeführt wird (in Anlehnung an Homann, 1995, S. 172ff.).

Darüber hinaus können auf Basis der Kostenrechnung Kennzahlen gebildet werden, die neben einem vereinsinternen Vergleich auch einen externen Vergleich (z. B. mit anderen Sportvereinen) ermöglichen. Auf diese Weise lassen sich Kostensenkungspotenziale in Bezug auf einzelne Kostenarten, Kostenstellen und Kostenträger ermitteln und durch entsprechende Anpassungen ausschöpfen. Dabei ist anzumerken, dass ein externer Vergleich nach Kennzahlen voraussetzt, dass die Kostenarten-, Kostenstellen- und Kostenträgerstruktur der Vereine aufeinander abgestimmt wird.

Als Kennzahlen werden solche Zahlen bezeichnet, *„[…] die sich auf betriebswirtschaftlich wichtige Tatbestände beziehen und diese in konzentrierter Form darstellen“* (Olfert, 2013, S. 48). Allgemein können zwei Arten von Kennzahlen unterschieden werden:

- absolute Kennzahlen (Einzelzahlen, Summen, Differenzen usw.): Die Kennzahlen, die sich direkt aus den kostenrechnerischen Unterlagen des Vereins entnehmen lassen oder als Summe bzw. Differenz errechnet werden. Absolute Kennzahlen haben jedoch eine begrenzte Aussagekraft.

- relative Kennzahlen (Wirtschaftlichkeit, Rentabilität usw.): Diese Kennzahlen stellen sogenannte Verhältniszahlen dar, da hier zwei oder mehr Werte zueinander ins Verhältnis gestellt werden. Die relativen Kennzahlen haben daher eine höhere Aussagekraft als absolute Kennzahlen, was insbesondere im externen Vergleich von Bedeutung ist.

Kennzahlen können auf allen drei Stufen der Kostenrechnung (Kostenarten-, Kostenstellen-, Kostenträgerrechnung) gebildet werden. Im Folgenden soll auf einzelne, für Sportvereine besonders relevante relative Kennzahlen eingegangen werden.

Eine der wichtigen Kennzahlen innerhalb der Kostenartenrechnung ist die Summe einer Kostenart (z. B. Personalkosten) pro Mitglied zu einem bestimmten Stichtag (in Anlehnung an Thieme, 2011). Diese Kennzahl liefert Informationen in Bezug auf die Kostenentwicklung einer bestimmten Kostenart im Verhältnis zur Mitgliederentwicklung (siehe Abbildung 15). Je höher dabei die Kosten pro Mitglied ausfallen, umso größer ist auch diese Kennzahl. Im Hinblick darauf soll das primäre Ziel der Vereinsführung darin bestehen, diese Kennzahl so klein wie möglich zu halten.

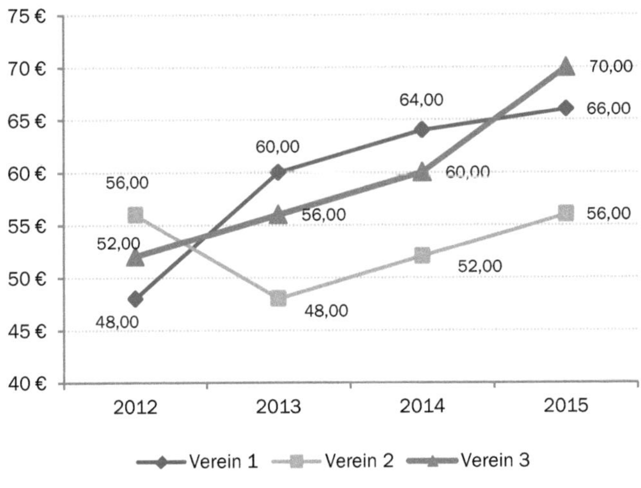

Abbildung 15: Entwicklung der Personalkosten pro Mitglied und Jahr.
Quelle: Eigene Darstellung.

Eine weitere wichtige Kennzahl im Rahmen der Kostenartenrechnung ist die sogenannte Kostenartwachstumsrate. Die Kennzahl misst das relative Wachstum einer bestimmten Kostenart im Laufe einer Periode und spiegelt die Kostenentwicklung in der abgelaufenen Periode im Vergleich zu den Perioden davor wider.

$$\mu = \left(\frac{\text{Summe der Kostenart zum Zeitpunkt } t_0}{\text{Summe der Kostenart zum Zeitpunkt } t_{-1}} - 1 \right) * 100$$

Darüber hinaus können je nach Steuerungsrelevanz folgende relative Kennzahlen im Rahmen der Kostenartenrechnung gebildet werden: Fortbildungskosten pro Mitarbeiter, Personalkosten pro (hauptamtlichen) Mitarbeiter, kalkulatorische Lohnkosten pro freiwilligen/ehrenamtlichen Mitarbeiter usw.

Auch im Rahmen der Kostenstellenrechnung können aussagekräftige Kennzahlen aufgestellt werden. Diese werden zur Steuerung konkreter Kostenstellen mit dem Ziel der Kostenbeeinflussung eingesetzt. Demnach können Kosten einer Kostenstelle (z. B. Geschäftsstelle, Vorstand) in Bezug auf die Mitgliederzahl oder auch Mitarbeiterzahl dargestellt werden. Weiterhin kann auch das Verhältnis der Kostenentwicklung einer bestimmten Kostenstelle im Laufe einer Periode mit Hilfe der Kostenstellenwachstumsrate abgebildet werden:

$$\mu = \left(\frac{\text{Summe der Kosten in Kostenstelle i zum Zeitpunkt } t_0}{\text{Summe der Kosten in Kostenstelle i zum Zeitpunkt } t_{-1}} - 1 \right) * 100$$

Weiterhin können Kennzahlen bedeutende Informationen in Bezug auf Vereinskostenträger liefern, indem sie die Kostenentwicklung einer Leistung (z. B. eines Sportkurses), mehrerer Leistungen eines Bereichs (alle Angebote einer Abteilung) oder aller Vereinsangebote darstellen. Beispiele für solche Kennzahlen sind Vereinsgesamtkosten pro Mitglied, Abteilungskosten pro Abteilungsmitglied oder Training-/Kurskosten pro Teilnehmer.

Eine zentrale Kennzahl im Sportverein stellt die Kennzahl für (Kosten-)Wirtschaftlichkeit dar, die das Maß für die Einhaltung des ökonomischen Prinzips bildet. Diese kann für unterschiedliche Vereinsebenen berechnet werden (in Bezug auf den gesamten Verein, auf eine Abteilung oder eine konkrete Leistung). Dabei ist die Wirtschaftlichkeit umso höher, je größer der Wert dieser Kennzahl ist.

$$\text{Kostenwirtschaftlichkeit} = \frac{\text{Erlös}}{\text{Kosten}}$$

4.5 Probleme und Defizite der Vollkostenrechnung

Mit der Vollkostenrechnung bekommt die Geschäftsführung des Sportvereins sicherlich ein bewährtes Instrument an die Hand, um Kosten zu erfassen und kostendeckende Entgelte zu kalkulieren. Die Vollkostenrechnung hat jedoch gravierende Defizite, die in diesem Abschnitt näher erläutert werden sollen.

Ein bedeutendes Defizit der Vollkostenrechnung besteht darin, dass bei der Kostenumlage sämtliche Kosten auf die Vereinsleistungen übertragen werden. Dabei lassen sich Gemeinkosten per Definition nicht verursachungsgerecht auf die Kostenträger umlegen. Auch die Verwendung plausibler Kostenschlüssel hilft die Wirklichkeit nur näherungsweise verursachungsgerecht abzubilden. Aufgrund dieses Mangels kann eine verursachungsgerechte Kostenanalyse auf Vollkostenbasis nur eingeschränkt erfolgen.

Ein weiteres Defizit der Vollkostenrechnung besteht darin, dass die Fixkosten so behandelt werden, als ob es möglich wäre, diese zu proportionalisieren, indem sie auf einzelne Kostenträgereinheiten aufgeteilt werden. Dadurch ergibt sich der Anschein, dass sämtliche Fixkosten in Abhängigkeit vom Leistungsumfang beeinflussbar wären. Dieser Anschein trügt jedoch, denn fixe Kosten stellen die sogenannten Bereitschaftskosten dar und fallen naturgemäß immer an, egal ob zwanzig oder gar keine Trainingseinheiten pro Periode stattfinden. Durch die Fixkostenverrechnung können die entscheidungsrelevanten Fixkosten und variablen Kosten nicht voneinander isoliert behandelt werden, was die Steuerung beeinträchtigt bzw. zu Fehlentscheidungen führt. Wenn beispielsweise ein Angebot abgeschafft wird, riskieren Sportvereine, die Fixkosten nicht mehr decken zu können, da sie trotzdem konstant bleiben.

Darüber hinaus erscheint eine Verrechnung sämtlicher Kosten auf die Kostenträger in Bezug auf eine transparente Kalkulation der Mitgliedsbeiträge nicht zweckmäßig. So kann anhand der auf Vollkostenbasis berechneten Kostenträgerkosten keine Aussage darüber getroffen werden, wie hoch der Mindestwert für den allgemeinen Vereinsgrundbeitrag (zur Deckung der Vereinsfixkosten), für den Abteilungsbeitrag (zur Deckung der Abteilungsfixkosten), für den Kursbeitrag (zur Deckung der variablen sowie fixen Kurskosten) oder für die Wettkampfgebühr (zur Deckung der Wettkampfkosten) sein sollte.

Es lässt sich festhalten, dass die Vollkostenrechnung die Kostenverursachung nicht immer realistisch abbildet, manchmal keine sinnvolle Entscheidungsorientierung in Bezug auf die differenzierte Beitragskalkulation bietet und mit einem großen Rechnungsaufwand verbunden ist. An diesen Kritikpunkten setzt die Teilkostenkostenrechnung an, deren Aufbau im Sportverein in → Kapitel 5 erläutert wird.

5 Teilkostenrechnung im Sportverein

Nachdem die Instrumente der Vollkostenrechnung dargestellt wurden, sollen in diesem Kapitel die Rechnungssysteme auf Teilkostenbasis sowie die Möglichkeiten ihrer Anwendung in Sportvereinen beschrieben werden. Hierfür erfolgt zunächst eine allgemeine Einführung in die Teilkostenrechnung. Anschießend werden zwei Verfahren der Erfolgsrechnung auf Teilkostenbasis, nämlich die einstufige und die mehrstufige Deckungsbeitragsrechnung beschrieben, und an vereinsbezogenen Beispielen erläutert.

5.1 Grundlagen der Teilkostenrechnung

Die Teilkostenrechnung wurde in der Betriebswirtschaftslehre als Antwort auf die Mängel der Vollkostenrechnung entwickelt. Der hauptsächliche Unterschied zwischen den beiden kostenrechnerischen Grundsystemen besteht dabei im Umfang der in die Rechnung einbezogenen Kosten: Während die Vollkostenrechnung auf die Zurechnung der Gesamtkosten abzielt, werden im Rahmen der Teilkostenrechnung nicht alle Kosten auf die Kostenträger verrechnet, sondern nur ihre variablen Anteile. Dabei werden bei Rechnungen auf Teilkostenbasis anfallende Fixkosten nicht proportionalisiert, sondern nur in die kurzfristige Erfolgsrechnung übernommen.

Dadurch, dass die Teilkostenrechnung auf die Weiterverrechnung der Fixkosten verzichtet, werden Gemeinkosten mit Hilfe von Schlüsselgrößen nur dann auf die Kostenträger verteilt, wenn ihre Verursachung direkt von der Beschäftigung abhängt (z. B. Kosten für den Energieverbrauch in der Sporthalle). Da aber viele Arten der Gemeinkosten in Sportvereinen weitgehend den fixen Kosten entsprechen (z. B. Verwaltungskosten, Vereinsführungskosten usw.), erleichtert die Teilkostenrechnung die Verrechnung der Gemeinkosten bedeutend, was einen großen Vorteil gegenüber der Vollkostenrechnung darstellt.

Das beschriebene Grundprinzip der Teilkostenrechnung impliziert, dass den Vereinsleistungen nur die Kosten zugewiesen werden, die sie tatsächlich verursacht haben. Demnach wird deutlich, dass die Teilkostenrechnung nach dem Verursachungsprinzip erfolgt, während die Vollkostenrechnung weitgehend auf dem Proportionalitätsprinzip bzw. Durchschnittsprinzip basiert (siehe Abbildung 16).

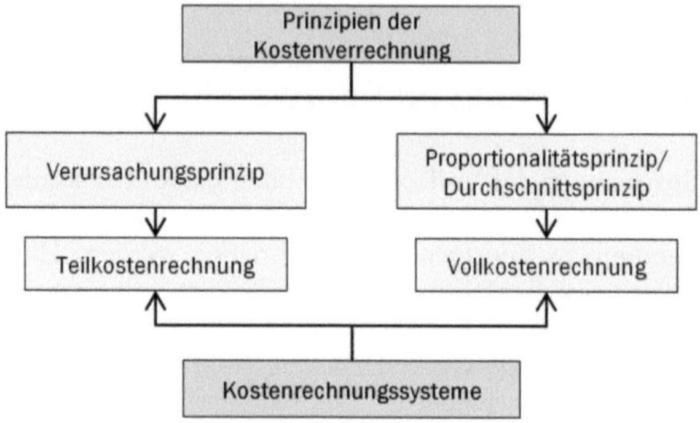

Abbildung 16: Kostenverrechnungsprinzipien bei Teil- und Vollkostenrechnung.
Quelle: In Anlehnung an Mussnig et al., 2014, S. 440.

Die Vorgehensweise innerhalb der Teilkostenrechnung sieht wie folgt aus (Coenenberg et al., 2009, S. 186):

- Zunächst entspricht die Vorgehensweise auf Teilkostenbasis der Vollkostenrechnung: Die Kostenarten werden gebildet und Kosten werden nach Einzel- und Gemeinkosten getrennt. Da in der Teilkostenrechnung die variablen und fixen Kosten getrennt voneinander berechnet werden, muss im nächsten Schritt der Kostenartenrechnung eine eindeutige Spaltung aller angefallenen Kosten in variable und fixe Bestandteile erfolgen. Diese Aufgabe stellt eine Herausforderung vor allem in Bezug auf Gemeinkosten dar, da Einzelkosten in der Regel variabel sind (eine Ausnahme stellen lediglich Produktfixkosten dar).
- Wurden die Kosten ermittelt und nach ihren variablen bzw. fixen Anteilen gegliedert, kann im nächsten Schritt die Verrechnung der variablen Gemeinkosten auf Kostenstellen und Kostenträger erfolgen (Einzelkosten werden direkt den Kostenträgern zugewiesen). Die Kostenstellen- und Kostenträgerrechnung auf Teilkostenbasis erfolgt dabei nach der gleichen Vorgehensweise wie auf der Vollkostenbasis, also mit Hilfe von plausiblen Schlüsselgrößen. Der einzige Unterschied besteht jedoch darin, dass Fixkosten nicht in die Umlage der Kosten miteinbezogen werden. In der Abbildung 17 ist die Skizze zur entsprechenden Anpassung des Betriebsabrechnungsbogens an die Teilkostenrechnung dargestellt.

	VKSt.1		VKSt.2		EKSt.1		EKSt.2		EKSt.3	
	fix	var.	fix	var.	fix	var.	fix	var.	fix	var.
Umlage VKSt.1		-->		-->		-->		-->		-->
Umlage VKSt.2		-->		-->		-->		-->		-->
Fixkosten	↓		↓		↓		↓		↓	
Σ Fixkosten										

Abbildung 17: Betriebsabrechnungsbogen bei der Teilkostenrechnung.
Quelle: Eigene Darstellung in Anlehnung an Coenenberg et al., 2009, S. 190.

- Schließlich werden die im Rahmen der Kostenartenrechnung ermittelten Fixkosten in die Erfolgsrechnung en bloc oder stufenweise eingebracht und der Differenz aus den Erlösen und den variablen Kosten (= Deckungsbeitrag) gegenübergestellt (ausführlicher dazu siehe → Kap. 5.2).

Zusammenfassend kann festgehalten werden, dass sich die Teilkostenrechnung ebenso wie die Vollkostenrechnung des ganzen dreistufigen Instrumentariums bedient (Kostenarten-, Kostenstellen- und Kostenträgerrechnung), innerhalb desselbigen aber ausschließlich die variablen Kosten weiter verrechnet und die fixen Kosten erst zum Schluss abzicht.

5.2 Deckungsbeitragsrechnung

Die Deckungsbeitragsrechnung ist ein Verfahren der Teilkostenrechnung und wird im Rahmen der kurzfristigen Erfolgsrechnung (Kostenträgerzeitrechnung) angewandt. Dementsprechend besteht das Ziel dieser Rechnungsart darin, den Produktionserfolg eines Betriebs in einer bestimmten Periode nur zu variablen Kosten zu bewerten. Um dies zu realisieren, wird für jede Kostenträgereinheit ein Grenzerfolg berechnet, der als Deckungsbeitrag bezeichnet wird (Weber & Weißenberger, 2010, S. 409). Folglich stellt ein Deckungsbeitrag (DB) für ein Bezugsobjekt im Sportverein (z. B. Sportkurs) Erlöse und variable Kosten entsprechend der folgenden Formel gegenüber:

$$DB = E - K_v$$

Dabei wird zwischen einstufiger und mehrstufiger Deckungsbeitragsrechnung unterschieden. Die beiden Rechnungsarten auf Teilkostenrechnungsbasis werden in den folgenden Abschnitten detailliert erläutert.

5.2.1 Einstufige Deckungsbeitragsrechnung

Die einstufige Deckungsbeitragsrechnung (auch Direct Costing genannt) behandelt die Fixkosten undifferenziert. Entsprechend der allgemeinen Vorgehensweise innerhalb der Teilkostenrechnung, die in → Kapitel 5.1 beschrieben wurde, besteht der erste Schritt der einstufigen Deckungsbeitragsrechnung darin, die Aufspaltung der Kosten in ihre variablen und fixen Anteile durchzuführen. Anschließend werden die variablen Kosten über die Kostenstellen den Kostenträgern zugerechnet und den entsprechenden Erlösen gegenübergestellt. Aus der Differenz aus dem erzielten Erlös und den variablen Kosten ergibt sich dann ein Deckungsbeitrag. Im letzten Schritt werden von der Summe der erwirtschafteten Deckungsbeiträge die Fixkosten als Ganzes, d. h. en bloc bzw. undifferenziert abgezogen (Olfert, 2013, S. 291ff.; Steger, 2010, S. 392ff.). Die dargelegte Berechnung des Betriebsergebnisses (BE) basiert dementsprechend auf der folgenden Formel:

$$BE = \sum_{i=1}^{n}(E_i - K_{v_i}) - K_{fix}$$

E = Erlöse
K_{v_i} = variable Kosten des Kostenträgers i (i = 1, ..., n)
K_{fix} = fixe Kosten
i = Kostenträger

Der Deckungsbeitrag liefert Informationen darüber, wie lohnend bzw. gewinnbringend ein bestimmtes Vereinsangebot ist, welche Angebote besser gestrichen werden sollten (Aussonderung unprofitabler/unwirtschaftlicher Produkte), wie die Entgelt- bzw. Beitragsuntergrenze gestaltet werden soll (Preispolitik) oder auch welche minimale Teilnehmerzahl ein Kurs-/Trainingsangebot haben sollte, um seine Kosten decken zu können.

Die Berechnung und Funktionen des Deckungsbeitrages werden am folgenden Fallbeispiel erläutert:

Fallbeispiel: Einstufige Deckungsbeitragsrechnung im Sportverein

Der TuS Musterhausen e.V. ist ein Sportverein, der drei Kurse in einer Sportart ohne Wettkampfbetrieb für insgesamt 70 Mitglieder anbietet. Da der Verein seit einiger Zeit „rote Zahlen" schreibt, möchte sein Vorstand die Wirtschaftlichkeit einzelner Angebote mit Hilfe einer einstufigen Deckungsbeitragsrechnung überprüfen, um auf diese Weise zu identifizieren, in welchem Ausmaß jedes Angebot zur Finanzierung des Vereins beiträgt. Auf Basis der erzielten Erkenntnisse sollen Entscheidungen über Korrekturmaßnahmen getroffen werden. Gegeben ist dabei folgende Erlös- bzw. Kostenstruktur:

pro Jahr	**Angebote (mit Teilnehmerzahl)**		
	Angebot A (25 TN)	Angebot B (35 TN)	Angebot C (10 TN)
Erlös durch Vereinsbeitrag	12.500 €	17.500 €	5.000 €
./. variable Kosten	- 8.000 €	- 12.000 €	- 8.000 €
= Deckungsbeitrag	4.500 €	5.500 €	- 3.000 €
./. fixe Kosten (abzüglich des indirekten Erlöses auf Vereinsebene)	- 9.000 €		
Vereinsergebnis	**- 2.000 €**		

Wie der oberen Tabelle entnommen werden kann, erhält man nach Abzug der jeweiligen variablen Kosten vom direkten Erlös einen Deckungsbeitrag von 4.500 Euro für Angebot A (12.500 € – 8.000 €), von 5.500 Euro für Angebot B (17.500 € – 12.000 €) und von -3.000 Euro für Angebot C (5.000 € – 8.000 €). Jeder separat ermittelte Deckungsbeitrag soll dabei helfen, den Gesamtfixkostenblock in Höhe von 9.000 Euro zu decken. Gemäß der allgemeinen Formel für die Berechnung des gesamten Deckungsbeitrags ist im nächsten Schritt die Summe aller drei Deckungsbeiträge zu bilden:

$$\mathrm{DB} = \sum_{i=1}^{n} (E_i - K_{v_i}) = 4.500\,€ + 5.500\,€ + (-3.000\,€) = 7.000\,€$$

Am Ende der einstufigen Deckungsbeitragsrechnung wird von der gebildeten Summe der Deckungsbeiträge der gesamte Fixkostenblock des Vereins abgezogen. In dem dargestellten Fallbeispiel beträgt somit das Vereinsergebnis (VE) 2.000 Euro Verlust:

$$\mathrm{VE} = \sum_{i=1}^{n} (E_i - K_{v_i}) - K_{fix} = 7.000\,€ - 9.000\,€ = -2.000\,€$$

Durch die Berechnung des Deckungsbeitrages wird deutlich, dass das Angebot C seine variablen Kosten nicht deckt und somit auch zur Finanzierung der Vereinsfixkosten nicht beitragen kann. Dabei müssen mit Einnahmen aus den Angeboten A und B nicht nur die Fixkosten des Vereins, sondern auch teilweise die variablen Kosten des Angebots C gedeckt werden. Mit anderen Worten bedeutet dies Folgendes: Sollte Angebot C auch weiterhin im Leistungsprogramm des Vereins bleiben, macht der Verein Verluste und das Gesamtergebnis verschlechtert sich dadurch erheblich.

Auf der anderen Seite macht die Deckungsbeitragsrechnung ersichtlich, dass das Angebot B das wirtschaftlichste Angebot des Vereins ist, da dieses den höchsten monatlichen Deckungsbeitrag aufweist und somit auch am meisten zur Deckung der Vereinsfixkosten beitragen kann. Dieses Angebot sollte weiterhin von der Vereinsleitung gefördert werden.

Um die finanzielle Lage des Vereins verbessern zu können, müssen Korrekturmaßnahmen durchgeführt werden. In der Regel können erwerbswirtschaftliche Betriebe, kurzfristig betrachtet, aus der Perspektive der Teilkostenrechnung den Preis für ein Angebot maximal auf den von ihm verursachten variablen Kosten absenken (Joos-Sachse, 2006, S. 224ff.). Im Hinblick darauf würde dies für den TuS Musterhausen e.V. aus dem vorliegenden Fallbeispiel bedeuten, dass ein Vereinskurs, der nicht einmal seine variablen Kosten decken kann, aus dem Vereinsangebot gestrichen werden sollte. In diesem Fall wäre das monatliche Vereinsergebnis positiv (= 1.000 Euro). Da aber Sportvereine primär nicht gewinnorientiert, sondern sachzielorientiert arbeiten, müssen auch weitere Möglichkeiten geprüft werden, die erlauben, Angebot C weiter anbieten bzw. ein vergleichbares Angebot für die Teilnehmer gestalten zu können (z. B. durch Zusammenlegung der Angebote, Steigerung der Teilnehmerzahl, Preiserhöhung, Kostensenkung, Steigerung der Einnahmen aus Fundraising usw.).

Darüber hinaus muss selbstverständlich beachtet werden, dass es sich beim Angebot C um eine Trainingsgruppe für Teilnehmer handeln könnte, die nur einen ermäßigten Beitrag zahlen (z. B. Kinder, Jugendliche, Senioren). Aus diesem Grund kann das Angebot nicht zur Deckung der Fixkosten des Vereins beitragen und seine variablen Kosten vollständig decken. In diesem Fall könnten andere Vereinsangebote die finanzielle Situation des Vereins möglicherweise ausgleichen, indem beispielsweise ihre Erlöse gesteigert bzw. Kosten gesenkt werden.

Im Hinblick auf das vorhin betrachtete Fallbeispiel können folgende Vorteile der einstufigen Deckungsbeitragsrechnung im Vergleich zur Vollkostenrechnung festgestellt werden (in Anlehnung an Olfert, 2013, S. 289; Steger, 2010, S. 425):

- Die Erfolgsanalyse und Erfolgsplanung im Verein gelingen besser, da Fehler bezüglich der Zurechnung von Fixkosten vermieden werden können.

- Programmpolitische Entscheidungen werden erleichtert, da die aussagekräftigeren Deckungsbeiträge als Kriterium der Förderwürdigkeit einzelner Vereinsleistungen dienen.
- Die Preis- und Kostenkontrolle einzelner Vereinsleistungen werden verbessert.

Auf der anderen Seite liegt der entscheidende Nachteil der einstufigen Deckungsbeitragsrechnung in einem unzureichenden Erkenntnisgewinn in Bezug auf die Fixkosten, da diese als Block in die Erfolgsrechnung einbezogen werden und somit keiner detaillierten Analyse hinsichtlich der einzelnen Bestandteile unterzogen werden können. Aus diesem Grund kann beispielsweise nicht überprüft werden, an welcher Stelle zu hohe Fixkosten im Verein anfallen (z. B. auf der Angebots-, Abteilungs- oder Vereinsebene). An diesem Kritikpunkt der einstufigen Deckungsbeitragsrechnung setzt die mehrstufige Deckungsbeitragsrechnung an, deren Grundlagen und Ansatzmöglichkeiten in einem Sportverein im nächsten Abschnitt erläutert werden.

5.2.2 Mehrstufige Deckungsbeitragsrechnung

Ein weiteres System der Teilkostenrechnung ist die mehrstufige Deckungsbeitragsrechnung, die eine Weiterentwicklung des Direct Costing darstellt und dessen Nachteile vermeiden soll. Die mehrstufige Beitragsrechnung unterscheidet sich von der einstufigen in der differenzierten Behandlung der Fixkosten. Dabei bleibt die grundlegende Vorgehensweise innerhalb der Kostenarten-, Kostenstellen- und Kostenträgerstückrechnung identisch.

Die mehrstufige Deckungsbeitragsrechnung erfolgt nach folgender Vorgehensweise: Zunächst werden die Fixkosten auf der Basis einer zusätzlichen Analyse in mehrere Teilblöcke entsprechend der gegebenen Fixkostenebenen gegliedert. Anschließend wird eine Verrechnung der einzelnen Kostenblöcke stufenweise durchgeführt. Somit werden die Fixkosten nicht als Ganzes, sondern in mehreren Blöcken vom Erlös abgezogen. Dabei ist es von Bedeutung, dass die einzelnen Fixkostenblöcke verursachungsgerecht und nicht über bestimmte Schlüsselgrößen auf die Bezugsobjekte bzw. Fixkostenebenen verrechnet werden (Manz & Dahmen, 2001, S. 58f.).

Die Identifikation von Fixkostenebenen für die Durchführung der mehrstufigen Deckungsbeitragsrechnung erfolgt in den meisten Fällen auf Basis der gegebenen produkt- bzw. organisationsbezogenen Hierarchie. Je nach Art der Bezugsobjekte können in Sportvereinen drei Fixkostenhierarchien identifiziert werden:

- Angebotsfixkosten
- Abteilungs-/Spartenfixkosten
- Vereinsfixkosten: Verwaltungsfixkosten und Fixkosten der Vereinsorgane

Die Beschreibung dieser Fixkostenebenen ist in der folgenden Tabelle, versehen mit vereinsbezogenen Beispielen, zu finden.

<table>
<tr><td>Angebotsfixkosten (Angebotsebene)
Das sind Kosten, die durch die Produktion oder die Entwicklung bestimmter Vereinsangebote verursacht werden. Sie lassen sich jedoch keiner einzelnen Leistungseinheit zuordnen und haben daher einen fixen Charakter. Beispiele dafür sind Kosten für einen festangestellten Trainer/Übungsleiter oder Abschreibungen für spezielle Sportgeräte, die ausschließlich im Rahmen eines konkreten Vereinsangebots ihre Anwendung finden.</td><td>Kostenträgerfixkosten</td></tr>
<tr><td>Abteilungsfixkosten (Abteilungsebene)
Diese Fixkosten fallen für Vereinsleistungen einer Sparte bzw. einer Abteilung an. Dabei ist deren Verrechnung auf einzelne Angebote nicht möglich. In der Regel sind dazu allgemeine Abteilungs- bzw. Spartenkosten zu zählen, die beispielsweise durch die Abteilungs-/Spartenleitung oder durch bereichsübergreifende Aktivitäten entstehen.</td><td rowspan="3">Verantwortungsbereichsfixkosten</td></tr>
<tr><td>Vereinsfixkosten I: Verwaltungsfixkosten
Diese Fixkosten entstehen in verwaltungsbezogenen Kostenstellen (z. B. Geschäftsstelle, Vereinsverwaltung) und lassen sich nicht auf einzelne Vereinsleistungen oder Leistungsbereiche direkt, also ohne Schlüsselung, übertragen. Beispiele dafür sind Raumkosten und Reinigungskosten der Geschäftsstelle, Gehälter der Geschäftsstellenmitarbeiter, Kosten für die Pflege der Vereinshomepage, Kosten für das Rechnungswesen, vereinsbezogene Marketingkosten usw.</td></tr>
<tr><td>Vereinsfixkosten II: Fixkosten der Vereinsorgane
Weitere Vereinsfixkosten, die sich nicht direkt auf Vereinsleistungen oder Leistungsbereiche zurechnen lassen und für den gesamten Verein anfallen, sind Kosten der Vereinsführungsorgane. Dazu sind beispielsweise Vorstandsentschädigungen, Kosten der Mitgliederversammlung usw. zu zählen.</td></tr>
</table>

Tabelle 14: Fixkostenhierarchien im Sportverein. Quelle: Eigene Darstellung.

Nachdem die Fixkostenebenen definiert wurden, kann die Vorgehensweise im Rahmen der mehrstufigen Deckungsbeitragsrechnung für einen Sportverein in der folgenden Abbildung skizziert werden. Wie man erkennen kann, sind im Rahmen der mehrstufigen Deckungsbeitragsrechnung im Verein auch indirekte Erlöse auf Abteilungs- und Vereinsebene zu berücksichtigen. Diese ergeben sich beispielsweise aus dem Sponsoring- und Spendenengagement, die sich nicht auf konkrete Angebote des Sportvereins beziehen.

	Ergebnisrechnung im Sportverein bei mehrstufiger Deckungsbeitragsrechnung
	Erlös (Mitgliedsbeiträge sowie direkt zurechenbare Einnahmen)
./.	variable Kosten (z. B. ÜL-Honorare, Versicherungen, Kosten der Hallennutzung usw.)
=	**DB A1 (absolut)**
./.	produktfixe Kosten
=	**DB A2 (auf Angebotsebene)**
+	Erlöse auf Abteilungsebene (z. B. Spenden)
./.	Fixkosten je Abteilung
=	**DB B (auf Abteilungsebene)**
+	Erlöse auf Vereinsebene (z. B. Spenden)
./.	Verwaltungskosten
=	**DB C1 (Deckungsbeitrag auf Vereinsebene)**
./.	Kosten der Vereinsorgane
=	**DB C2 (Vereinsergebnis/Nettoerfolg)**

Abbildung 18: Vorgehensweise im Rahmen der mehrstufigen Deckungsbeitragsrechnung. Eigene Darstellung.

Die mehrstufige Verrechnung der Fixkosten ist für die Entscheidungsfindung in einem Sportverein von großer Bedeutung. Sie ermöglicht eine Erfolgs- und Wirtschaftlichkeitskontrolle nicht nur in Bezug auf einzelne Vereinsangebote, wie dies bei der einstufigen Deckungsbeitragsrechnung der Fall ist, sondern auch in Bezug auf die Kosten unterschiedlicher Leistungsbereiche (z. B. Abteilungen), Vereinsorgane und die Vereinsverwaltung. Im Folgenden soll die Vorgehensweise im Rahmen der mehrstufigen Deckungsbeitragsrechnung an einem Fallbeispiel erläutert werden.

Fallbeispiel: Mehrstufige Deckungsbeitragsrechnung im Sportverein

Die Führung des TuS Musterhausen e.V. möchte eine mehrstufige Deckungsbeitragsrechnung durchführen. Diese soll zur größeren Kostentransparenz in Bezug auf die Angebote sowie auf einzelne Verantwortungsbereiche des Vereins beitragen. Der Verein hat zwei Abteilungen (Abteilung A und Abteilung B). Jede der Abteilungen bietet zwei Kurse mit einer unterschiedlichen Teilnehmerzahl an. Neben den satzungsmäßig vorgeschriebenen Vereinsorganen hat der Verein eine Geschäftsstelle. Der Vorgang und das Ergebnis der mehrstufigen Deckungsbeitragsrechnung sind in der Tabelle 15 auf der nächsten Seite zu finden.

In dem betrachteten Beispiel werden mehrere Ebenen der Fixkosten unterschieden: produktbedingte Fixkosten, Fixkosten auf Abteilungsebene, Verwaltungskosten (Kosten der Geschäftsstelle) sowie Kosten der Vereinsorgane. Darüber hinaus werden auch Erlöse differenziert behandelt.

Das Ergebnis der durchgeführten mehrstufigen Deckungsbetragsrechnung (S. 93) zeigt zum einen, dass alle Deckungsbeiträge A1 positiv sind. Das bedeutet, dass alle Kursangebote ihre variablen Kosten decken können. Auf der nächsten Fixkostenebene sind alle Deckungsbeiträge A2 positiv mit der Ausnahme des Kurses B1. Dieses Defizit wirkt sich u.a. auch auf den Deckungsbeitrag B der Abteilung B sowie auf das Gesamtergebnis des Vereins (Deckungsbeitrag C2) negativ aus.

Zusammenfassend lässt sich Folgendes feststellen: Um bei den gegebenen Erlösen „schwarze Zahlen“ schreiben zu können, muss der TuS Musterhausen e.V. die Wirtschaftlichkeit der Produktion im Kurs B1 überprüfen und/oder die allgemeinen Kosten der Abteilung B bzw. die Fixkosten auf Vereinsebene senken, was jedoch nur langfristig möglich ist. An diesen Aspekten wird ersichtlich, dass die stufenweise Fixkostenberechnung der Führung des TuS Musterhausen e.V. einen detaillierten Überblick über die Entstehung des Nettoerfolgs ermöglicht und wichtige Anhaltspunkte dafür gibt, an welchen Stellen Handlungsbedarf vorliegt.

pro Jahr	Kurs (Teilnehmerzahl)			
	Kurs A1 (25 TN)	Kurs A2 (35 TN)	Kurs B1 (20 TN)	Kurs B2 (15 TN)
Erlös (Mitgliedsbeiträge, direkt zurechenbare Einnahmen wie Spenden, Sponsoring)	15.000 €	21.000 €	6.000 €	21.600 €
./. variable Kosten (z. B. ÜL-Honorare, Versicherungen, Kosten der Hallennutzung usw.)	- 6.000 €	- 10.000 €	- 4.000 €	- 8.000 €
= Deckungsbeitrag A1 absolut	**9.000 €**	**11.000 €**	**2.000 €**	**13.600 €**
./. produktfixe Kosten (z. B. Abschreibungen für Sportgeräte, festangestellte Trainer usw.)	- 4.000 €	- 5.200 €	- 5.000 €	- 6.200 €
= Deckungsbeitrag A2 auf Angebotsebene	**5.000 €**	**5.800 €**	**- 3.000 €**	**7.400 €**
+ direkt zurechenbare Erlöse auf Abteilungsebene	400 €		200 €	
./. fixe Kosten je Abteilung	- 3.600 €		- 5.000 €	
= Deckungsbeitrag B auf Abteilungsebene	**7.600 €**		**- 400 €**	
+ Erlöse auf Vereinsebene (z. B. Spenden, Sponsoring usw.)	**2.000 €**			
./. Verwaltungskosten	- 7.000 €			
= Deckungsbeitrag C1 auf Vereinsebene	**2.200 €**			
./. Kosten der Vereinsorgane	- 2.400 €			
= **Deckungsbeitrag C2** Vereinsergebnis/Nettoerfolg	**- 200 €**			

Tabelle 15: Vorgang und Ergebnis der mehrstufigen Deckungsbeitragsrechnung

Quellenverzeichnis

Breuer, C. & Feiler, S. (2014). Sportvereine in Deutschland, Sportentwicklungsbericht 2013/2014 – Analyse zur Situation der Sportvereine in Deutschland, Zugriff am 11. Dezember 2014 unter www.dosb.de/fileadmin/fm-dosb/arbeitsfelder/wiss-ges/Dateien/2014/Siegel-Bundesbericht_SEB13_final.pdf

Breuer, C. & Feiler, S. (2013). Finanzielle Situation und ökonomische Bedeutung des Vereinssports. Sportentwicklungsbericht 2011/2012, Zugriff am 26. Januar 2015 unter www.bisp.de/SharedDocs/Downloads/Sportentwicklungsberichte/SEB_2011_2012/SEB_2011_2012_Finanzen.pdf?__blob=publicationFile

Coenenberg A.G., Fischer T.M. & Günther, T. (2009). Kostenrechnung und Kostenanalyse (7. Aufl.). Stuttgart: Schäffer-Poeschel.

Daumann, F. & Esipovich, L. (2015). Kostenrechnung für Sportvereine: Grundlagen, Methoden und Fallbeispiele. Konstanz und München: UVK Lucius.

Eisele, W. & Knobloch, A.P. (2011). Technik des betrieblichen Rechnungswesens. Buchführung und Bilanzierung, Kosten- und Leistungsrechnung, Sonderbilanzen (8 Aufl.). München: Vahlen.

Fillinger, O. (1995). Rechnungswesen von privaten Nonprofit-Organisationen. Stand und Verbesserungsmöglichkeiten. Dissertation. Freiburg in der Schweiz: Universität Freiburg in der Schweiz.

Friedl, B. (2010). Kostenrechnung. Grundlagen, Teilrechnungen und Systeme der Kostenrechnung. München: Oldenbourg.

Graumann, M. & Thieme, L. (2010). Controlling im Sport. Grundlagen und Best Practice für Vereine, Verbände und Ligen. Berlin: Erich Schmidt.

Grünig, R. & Fillinger, R. (1996). Ansätze zur Verbesserung der Kostenrechnung in privaten Non-Profit-Organisationen. Kostenrechnungspraxis, 3/1996, 166–173.

Haberstock, L. (2008). Kostenrechnung I - Einführung: Mit Fragen, Aufgaben, einer Fallstudie und Lösungen (13. Aufl.). Berlin: E. Schmidt.

Hans, L. (2002). Grundlagen der Kostenrechnung. München: Oldenbourg.

Homann, K. (1995). Kommunales Rechnungswesen. Buchführung. Kostenrechnung und Wirtschaftlichkeitsrechnung in Kommunalverwaltungen (3. Aufl.). Siegen: Gerhard Homann.

Horak, C. (1995). Controlling in Nonprofit-Organisationen (2. Aufl.). Wiesbaden: DUV.

Industrie- und Handelskammer zu Regensburg (2015): Gewerberaum-Mietspiegel (3. Aufl.), Zugriff am 11. Januar unter www.ihk-regensburg.de/blob/rihk24/ downloads2/1472420/c35d41b04ba870856583f345669fb047/Gewerberaum-Mietspiegel-data.pdf

Joos-Sachse, T. (2006). Controlling. Kostenrechnung und Kostenmanagement: Grundlagen, Instrumente, neue Ansätze (4. Aufl.). Wiesbaden: Gabler.

Kalenberg, F. (2013). Grundlagen der Kostenrechnung. Eine anwendungsorientierte Einführung. München: Oldenbourg.

Känel, S. (2008). Kostenrechnung und Controlling. Grundlagen, Anwendungen, Excel-Tools. Bern: Haupt.

Manz, K. & Dahmen, A. (2001). Kostenrechnung (3. Aufl.). Vahlen: München.

Mumm, M. (2008). Kosten- und Leistungsrechnung. Internes Rechnungswesen für Industrie- und Handelsbetriebe. Heidelberg: Physica-Verlag.

Mussnig, W.; Bleyer, M.; Giermaier, G. & Rausch, A. (2014). Controlling für Führungskräfte. Analysieren – Bewerten – Entscheiden (3. Aufl.). Wien: Linde.

Olfert, K. (2013). Kostenrechnung (17. Aufl.). Ludwigshafen: Kiehl.

Rautenberg, H. G. (2000). Zeitorientierte Fundierung. Ist-, Normal- und Plankosten. In: T. M. Fischer (Hrsg.), Kosten-Controlling. Neue Methoden und Inhalte (S. 25–52). Stuttgart: Schäffer-Poeschel.

REFA (1989). Methodenlehre der Betriebsorganisation. Entgeltdifferenzierung (2. Aufl.). München: Hanser.

Schauer, R. (2008). Rechnungswesen in Nonprofit-Organisationen. Ergebnisorientiertes Informations- und Steuerungsinstrument für das Management in Verbänden und anderen Nonprofit-Organisationen (3. Aufl.). Bern: Haupt.

Scherrer, G. (2005). Kostenrechnung. In: Bea, F.X., Friedl, B. und Schweitzer, M. (Hrsg.). Allgemeine Betriebswirtschaftslehre. Band 2: Führung (S. 668–758). Stuttgart: Lucius & Lucius.

Schierenbeck, H. & Wöhle, C. B. (2008). Grundzüge der Betriebswirtschaftslehre (17. Aufl.). München: Oldenbourg.

Schuster, F. (2011). Kommunale Kosten- und Leistungsrechnung (3. Aufl.). München: Oldenbourg.

Seufert, G. (1999). Verbandscontrolling. Ansätze einer operativen Führungskoordination (NPO-Management). Wiesbaden: DUV.

Steger, J. (2010). Kosten- und Leistungsrechnung (5. Aufl.). München: Oldenbourg.

Stelling, J.N. (2009). Kostenmanagement und Controlling (2. Aufl.). München: Oldenbourg.

Thieme, L. (2011). Controlling im Sportverein. Einsatzmöglichkeiten und Grenzen. Präsentation im Rahmen des 8. Stuttgarter Sportkongresses, Zugriff am 20. November 2014 unter www.sportkongress.de/fileadmin/downloads/PDF/Sportkongress/2011/921-Thieme.pdf

Wadsack, R. & Lienig, H. (2001). Finanz-Check für Vereine. Wien/Frankfurt am Main: Ueberreuter.

Weber, J & Weißenberger, B.E. (2010). Einführung in das Rechnungswesen. Bilanzierung und Kostenrechnung (8. Aufl.). Stuttgart: Schäffer-Poeschel.

Wich, S., Wolf, S. & Hommel, M. (2011). Kostenartenrechnung. In Hommel, M. (Hrsg.), Kostenrechnung – learning by stories (3. Aufl.) S. 69–138. Frankfurt am Main: Recht und Wirtschaft.

Wöhe, G. (2013). Einführung in die allgemeine Betriebswirtschaftslehre (25. Aufl.). München: Vahlen.

Index